KB271255

선생님들의
이유 있는
도서관 여행

북미
학교도서관을
가다

선생님들의
이유 있는
도서관 여행

북미
학교도서관을
가다

2012년 4월 5일 처음 펴냄
2013년 5월 20일 1판 3쇄

지은이 전국학교도서관담당교사 서울모임
펴낸이 신명철
편집장 장미희
기획·편집 김지윤, 장원
디자인 최희윤
펴낸곳 (주)우리교육
등록 제 313-2001-52호
주소 (121-841) 서울특별시 마포구 서교동 449-6
전화 02-3142-6770
팩스 02-3142-6772
홈페이지 www.uriedu.co.kr
출력 한국커뮤니케이션
인쇄 천일문화사

ⓒ 전국학교도서관담당교사 서울모임, 2012
ISBN 978-89-8040-676-0 03370

* 이 책의 내용을 쓰고자 할 때는 저작권자와 출판사의 허락을 받아야 합니다.
* 잘못된 책은 바꾸어 드립니다.
* 책값은 뒤표지에 있습니다.

이 도서의 국립중앙도서관 출판시도서목록(CIP)은 e-CIP 홈페이지(http://www.nl.go.kr/ecip)에서
이용하실 수 있습니다.(CIP 제어번호:CIP2012001476)

선생님들의
이유 있는
도서관 여행

북미
학교도서관을
가다

전국학교도서관담당교사 서울모임 지음

우리교육

희망으로 돋아날 씨앗을 가져오다

또다시 항해를 떠났다. 2008년 1월 21일 교사 열 명과 아이 두 명을 태우고 서유럽 도서관으로 향했던 배는 3년이 흐른 뒤, 2011년 1월 17일 교사 열다섯 명과 아이 두 명을 태우고 북미 도서관으로 향했다. 우리는 13박 15일 동안 뉴욕과 워싱턴DC, 보스턴과 캐나다 토론토에 소재한 몇몇 공공도서관과 학교도서관을 둘러보며, 그 안에서 진행하고 있는 교육과 문화, 삶 전반을 눈으로 확인하고 몸으로 체험하고자 했다. 그리고 그들을 거울삼아 우리 도서관을 보완하고, 나아가 우리 교육과 사회를 더욱 도약시킬 수 있는 새 길을 모색해 보고자 했다.

우리는 학교도서관을 활성화해 가르침(배움)과 성장을 멈춰 버린 대한민국 공교육에 숨을 불어넣고자 2002년부터 함께 모여 도서관을 공부하는 한편, 학교에서 도서관을 직접 맡아 운영하면서 도서관이 학교 안에서 중심을 이룰 수 있도록 힘을 쏟아 왔다. 그러나 도서관 경험이라고는 시험공부를 한 기억뿐이고, 학교도서관 역시 '책을 대출하고 반납한 것' 외에는 달리 체험한 일이 없는 어른이 대다수인 현실에서 '왜 학교도서관인가?'를 설득시키는 일은 참으로 어려운 일이었다. 우리 역시 학교도서관을 직접 체험하며 자란 세대가 아니기에 한 걸음씩 앞으로 나아갈수록 오히려 길을 잃어버리기도 하고 스스로조차 설득시키지 못하는 일들이 발생하기도 했다.

하지만 그럴수록 낮은 마음으로 더 많이 배우고 더 열심히 실천하자고 다짐했다. 그 일환으로 우리보다 앞서서 도서관을 발달시켜 온 나라들을 공부한 후 직접 찾아가 눈으로 보고 몸으로 느껴보고자 했다. '외국 도서관 탐방 프로젝트'는 그런 논의 끝에 실천한 우리의 꿈이고 의지이다. 그 첫 번째 프로젝트 '서유럽 도서관 탐방'을 무사히 마친 후, 2010년 미국의 도서관과 교육, 정치, 역사 등을 공부하여 2011년 1월, 두 번째 프로젝트를 감행했다.

북미 학교도서관 여덟 곳과 공공도서관 아홉 곳. 겨우 이만큼을 보름 동안 여행한 후 책을 낼 생각을 하다니, 무모해 보일 수도 있을 것이다. 더구나 미국처럼 큰 땅덩어리를 가진 나라 동쪽 끝 도서관 몇 곳과 캐나다 남쪽 끝 도서관 두 곳을 탐방한 후 '북미 도서관'이라니, 좀 심하다 싶기도 하겠다.

그럼에도 짧게는 2년, 길게는 28년 동안 교사로 살며 얻은 생각들과 10여 년 동안 '교육'과 '도서관'을 중심에 놓고 살아온 우리의 눈으로 그들을 보고자 했다. 우리가 갖고 있는 것보다는 갖고 있지 못한 것들을 더 자세히 들여다보고 묻고 들으며 새롭게 배우고자 했다. 우리는 떠나기 전 1년 동안 함께 공부하며 토론했고, 13박 15일을 여행하는 동안 잠자는 네댓 시간 말고는 보고 듣고 묻고 토론하고 이야기 나누며 '도서관'에 빠져 살았다. 그리고 돌아온 후 다시 1년을 읽고 쓰고 토론하고 고치며 '우리들의 눈'으로 그들을 재해석해 보았다.

우리가 탐방한 학교도서관과 공공도서관을 한 권으로 묶어 내기에는 무리가 있어 '학교도서관 편'과 '공공도서관 편'으로 분권했다. '학교도서관 편'에는 초등학교 2곳과 중학교 3곳, 고등학교 3곳에서 보았던 도서관 환경과 독서 프로그램 및 도서관 협력 수업 등을 담았고, '공공도서관 편'에는 9개 공공도서관에서 본 역사와 역할, 다양한 자료와 운영 프로그램 등을 담았다.

부족함이 많을 줄 안다. 그럼에도, 더는 우리 학교와 아이들이 황폐해져서는 안 되겠기에, 또한 '지식 정보화 시대'에서 교육이란 '도서관' 없이는 불가능한 것이기에, 작은 파문이라도 일으키고자 이 책을 세상에 내놓는다. 잘못은 따끔히 충고해 주고, 부족한 부분은 많은 분이 함께 채워 주길 바란다.

이 책이 세상에 나올 수 있도록 도와준 우리교육 식구들에게 고마움을 전한다. 또한 여행 떠나기 전 우리 도서관 모임에 찾아와 미국 중·고등학교에서 생활한 경험을 들려준 존스홉킨스대학교 김선욱 학생과 미국에서 학교도서관을 연구하고 돌아와 우리가 도움을 청할 때마다 한걸음에 달려와 주신 덕성여대 정진수 교수님, 그리고 뉴욕 공공도서관을 방문했을 때 동료 사서의 눈치에도 아랑곳하지 않고 약속 시간을 넘기면서까지 많은 정보를 제공해 준 사서 유희권 선생님께도 고마움을 전한다.

언 땅을 뚫고 피어나는 새순처럼 이 책이 우리 사회와 학교에 작은 희망이라도 안겨 줄 수 있기를 간절히 바란다.

2012. 4. 전국학교도서관담당교사 서울모임

차례

도서관은 중요한 것 중 하나가 아니라 가장 중요한 것이다

백화현 ● 서울 봉원중 교사

오랜 고민과 갈증

대한민국 교육이 얼마나 심하게 병들어 있는지 모르는 사람은 없을 것이다. 우리 아이들은 서너 살이 되면 한글이나 영어를 배워야 하고, 대여섯 살이 되면 종류별로 학원을 뱅뱅 돌아야 한다. 초등학생 때부터는 학습지와 문제집 더미 속에 파묻혀 살아야 하고, 중고등학생이 되면 밤 10시, 11시까지 학교나 학원에 붙들려 있어야 한다. 우리나라 학교들 중 '창의·인성 교육'을 표방하지 않는 곳은 없지만, 교장, 교사, 학생, 학부모 그 누구도 그걸 진짜로 믿는 사람은 없다. 그렇기에 우리 아이들은 국제학업성취도평가PISA에서 핀란드와 함께 높은 성적을 얻었음에도 "공부요? 재밌지요. 모르는 것을 알아 간다는 것은 신 나는 일이잖아요."라고 즐겁게 말하는 핀란드 아이들과는 달리, "공부? 좋아서 하는 사람도 있나요?"라고 반문할 수밖에 없다.

학교 현장에서 느끼는 아이들의 상태는 훨씬 더 심각하다. 해가 바뀔수록 왕따와 폭력 문제는 점점 심해져 가고 우울증을 앓는 아이와 학교를 떠나는 아이도 점차 늘어만 간다. '대한민국 청소년 자살률 세계 1위'는 결코 우연이 아니다.

이처럼 우리 아이들이 커다란 희생을 치러 가며 '공부'에 매달리지만 얻는 것은 무엇인가? 어째서 외고에 다니던 한 아이는 '이젠 됐어.'라는 네 글자를 남겨 둔 채 세상을 떠나야 했고, 일류대를 다니던 한 학생은 '오늘 나는 대학을 그만둔다, 아니 거부한다.'라는 선언을 해야 했을까? 왜 서울대 법대 모 교수는 "학생들이 산만해서 수업을 진행할 수 없을 지경이다."라는 고백을 하고, 모 기업 인사부장은 "더 이상 국내 대학 출신을 뽑고 싶지 않다."라며 손사래를 치는 것일까?

우리는 학교가 '배움과 성장'을 북돋우는 곳이길, 우리 교육이 아이들에게 '자존감'을 높여 주고 사람을 '사랑할 수 있는 힘'을 키워 주길 바란다. 물론 이러한 것들이 몇몇 교사의 노력만으로 될 일이 아니라는 것은 잘 안다. 그러나, "선생님이 그런다 해도 세상은 절대로 변하지 않아요. 우리 현실이 그걸 증명하고 있잖아요. 그런데 왜 그렇게 애를 쓰세요?"라는 어린 제자의 볼멘소리에 그냥 주저앉을 만큼 올바른 교육을 향한 '믿음'이 약하진 않다. 방향과 내용이 뒤틀려 있긴 하나 우리에게는 세계가 인정하는 '뜨거운 교육열'이 있지 않은가.

이 '뜨거운 교육열'을 어디로 어떻게 흐르게 할 것인가, 이는 우리 모임(전국학교도서관담당교사 서울모임)에서 오랜 화두였고, 긴 물음 끝에 우리가 발견한 것, 그것은 바로 '도서관'이었다.

　　우리 모임은 2002년 1월에 첫출발을 했다. 각기 다른 모습으로 교육 운동을 해 오다가 전교조(전국교직원노동조합)가 마련한 '제1회 참교육실천대회'에 학교도서관 분과로 참여하면서 '전국학교도서관담당교사모임'을 결성했다. 우리는 모두 '학교도서관이야말로 평등 교육의 모체요, 진정한 배움과 성장을 가능케 한다'는 말에 동의한 사람이다. 이러한 신념을 갖게 된 데는 다들 나름대로 실천적 경험이 있었기 때문인데 내 경우도 다르지 않다.

　　이미 여러 글을 통해서도 밝힌 바 있듯, 나는 달동네 학교에서 근무했던 경험으로 인해 독서와 도서관 운동에 뛰어들게 되었다. 달동네 학교에 다니는 아이들 대부분은 교과서조차 가져오지 않을 만큼 '학습'에 관심이 없었고, '돈을 많이 벌고 싶다'는 꿈이 있었으나 무엇 하나 배우려 하지 않았다. 그리고 PC방과 오락실을 전전하거나 빈집에 함께 모여 음란 비디오를 보며 술을 마시고 담배를 피워 대는 일을 일상적으로 하고 있었다. 이 학교에서 나는 그동안 내가 자신했던 토론 학습과 발표 학습, 탐구 수업 등을 전혀 할 수 없었음은 물론이고, 단순한 교과서 수업조차 하기 어려웠다. 그야말로 2년 동안을 절망감 속에서 허우적대야만 했었다.

　　이 아이들이 가진 가장 큰 문제는 마음에 상처가 너무 많다는 것이었다. 그때는 우리 사회가 IMF 외환 위기를 겪고 있던 터라 가난한 지역 아이들은 특히 더 경제적으로 어려웠을 뿐 아니라 많은 경우가 부모님의 잦은 다툼과 이혼으로 따뜻한 보살핌을 받기 어려웠고, 심한 경우는 때때로 폭력을 당하며 하루하루를 버텨야 했다. 어린 나이에 혼자서 감내하기 힘든 상처와 아픔들이었다. 따라서 아이들은 자연히 무기력해지거나 폭력적이 될 수밖에 없었다.

또 하나 큰 문제는, 또래 아이들에 비해 현저히 뒤떨어진 '읽기 능력'이었다. 국어 교과서에 실린 간단한 설명문과 논설문을 스스로 반쪽도 읽어 낼 능력이 없는 아이들이 많았고, 대개 아이들이 좋아하며 읽는 교과서 소설 작품조차 혼자서 읽어 내질 못했다. 국어 교과서 읽기가 이 정도면 다른 교과서는 더 말할 필요가 없는 것이다. 학습은 '읽기' 없이는 불가능하다. 사회, 과학, 영어, 수학, 기술가정 등 학교에서 이뤄지는 교과목 공부 대부분이 '읽기'를 필요로 하고 '읽기 능력'에 의해 수준이 좌우되기 마련이다. 그 아이들은 초등학교 2, 3학년 수준으로 중학교 교과서를 읽어야 했으니 제대로 학습이 이루어질 리 만무했다. 그럼에도 교사들은 국가가 획일적으로 던져 준 교과서 진도 나가기에 바빠 아이들의 학습을 찬찬히 도와줄 여력이 되지 않았다.

대체 이 일을 어찌해야 한단 말인가? 2년 동안 답을 찾아 헤맨 끝에 내가 얻은 해답은 '책!', 어린 시절 내게 위로를 주고 꿈을 주었던 '책'이었다.

아이들에게는 끊임없는 위로와 격려가 필요했다. 그러나 어느 누가 늘 그렇게 해 줄 수 있겠는가. 엄마도 선생님도 복지사도 상담사도 그렇게 할 수는 없는 일, 책밖에는 없었다. 내가 어린 시절 슬픈 동화나 감동적인 소설들을 읽으며 스스로 마음을 위로하고 격려하면서 많은 상처와 아픔을 치유해 나갔듯, 이 아이들에게도 그러한 책들이 필요할 거라 생각했다. 아이들은 책을 통해 위로받고 '꿈'도 꿀 수 있으리라!

읽기 능력을 향상시키는 일 역시 책이라면 충분히 가능한 일이라고 생각했다. 수준에도 맞지 않고 딱딱한 설명문뿐인 교과서가 아니라, 아이들이 재미있게 읽을 만한 만화책과 그림책, 관심 있어 하는 스포츠와 요리, 패션과 액세서리, 판타지, 감동적인 동화와 소설, 꿈과 용기를 주는 자서전 등, 이런 책들을 신 나게 읽다 보면 읽기 능력이 저절로 향상될 게 아닌가!

그러나 책이 없었다. 알다시피 2000년에는 전국에 걸쳐 도서관을 갖춘 학교를 찾아볼 수 없었다. 있다 해도 그것은 차마 도서관이라 이름 붙일 수도 없는 책 보관 창고일 뿐, 아이들에게 책 읽는 기쁨을 안겨 줄 수 있는 곳과는 전혀 거리가 멀었다. 그래서 자연스레 도서관 운동부터 시작할 수밖에 없었다.

도서관을 예쁘게 단장하여 매월 아이들이 좋아할 만한 새 책들을 들여놓고 재미난 행사들을 벌이자, 아이들이 도서관으로 몰려들기 시작했다. 보강 수업 시간도 최대한 활용해 도서관에서 자유롭게 책을 읽도록 유도하고, 내 수업 같은 경우에는 국어 5시간 중 3시간은 교과서 수업을 하고 1시간은 자유 독서, 1시간은 단계별 독서 프로그램(《학교도서관에서 책 읽기》 참조)에 의한 독서를 하도록 했다.

아이들은 놀랍게 변해 갔다. 교과서를 가져오지 않던 아이들이 교과서를 가져오기 시작했으며, 글쓰기 내용이 풍부해지더니 점차 토론 수업과 탐구 수업도 가능해졌다. 1년이 지났을 때는 성적에도 변화가 오기 시작했다. 10년 넘게 60점대를 벗어나지 못했던 국어 평균 점수가 처음으로 70점을 넘어서기 시작했다. 내가 그 학교를 떠나오기 직전에는 78점까지 오른 반도 있었다.

더욱 중요한 것은 아이들이 점차 안정을 찾으며 구체적인 '꿈'을 꾸기 시작했다는 것이다. 아이들은 《아주 특별한 우리 형》, 《괭이부리말 아이들》, 《오체불만족》, 《아버지》, 《가시고기》 등을 읽으며 엄마와 아빠를 용서하고 삶에 대한 용기를 얻었다. 또한, 요리책과 애니메이션, 스포츠, 컴퓨터 등 실용서와 본보기로 삼을 만한 이들의 자서전과 전기를 읽으며 자신의 '꿈'을 구체화했다. 두 칸밖에 안 되는 도서관 하나가 무기력한 학교와 꿈을 잃은 아이들에게 숨을 불어넣어 준 것이다.

똑같지는 않더라도 우리 모임 선생님들은 다들 이와 비슷한 경험들을 가지고 있다. 우리는 도서관에서 힘을 얻고 희망을 본다. 그래서 우리는 모였고, 학교도서관을 맡아 운영하고 있으며, 우리나라 도서관들뿐만 아니라 우리보다 앞서 도서관을 발달시킨 여러 나라를 차례로 탐방하면서 보고 배운 것들을 널리 전하기 위해 애쓰고 있다.

지난 2008년 서유럽 도서관 탐방을 통해서 '도서관과 교육과 문화'를 보고자 했다면, 이번 북미 도서관을 통해서는 '교육'에 좀 더 집중하고자 했다. 놀랍게도 그곳에서 만난 교장 선생님들은 하나같이 '도서관은 학교의 심장, 우리는 도서관 없는 교육은 생각할 수 없다'고 했다. 그리고 학교 교육목표를 묻는 질문에 '긍정적으로 사고하는 힘을 길러 준다', '자신을 알아내고 긍정적으로 변화시켜 나갈 수 있도록 돕는다', '정서와 관계에 얽힌 문제를 돕고 배울 수 있는 힘을 길러 준다', '평생 학습을 돕는다', '문명사회를 만들어 갈 수 있도록 키운다', '정서적으로 풍요롭고 미래를 이끌어 갈 인물을 기른다' 등으로 조금씩 다른 대답들이 나왔지만, 교육을 통해 학생 개개인에게 '자존감'을 높여 주고, 학교를 다니는 동안 단순한 지식을 기억하고 암기시키는 일보다는 '배울 수 있는 힘'을 길러 주는 일에 힘을 쏟고 있다는 점에서는 똑같았다.

그레이트넥사우스중학교 교장 선생님이 들려주신 이야기는 지금도 마음에 깊은 감동으로 남아 있다.

"우리 학교 교육목표는 중학교라는 말속에 함축적으로 녹아 있다고 생각합니다. 중학교는 아이가 청소년으로 변화되는 시기이죠. 이때 자신을 새롭게 발견하고 긍정적으로 변화시킬 수 있도록 필요한 것을 찾아 주고 지원해 주는 것이 우리가 세운 교육목표입니다. 도서관은 이 일들을 아주 훌륭히 돕고 있습니다. 도서관은 중요한 것 중 하나가 아니라 '가장 중요한 것' 이지요. 그래서 우리는 도서관을 학교 중앙에 위치시켜 놓았습니다. 도서관은 지성이 자라는 공간이자 자아를 발견하고 성장해 가는 곳입니다."

이와 같은 생각은 인터뷰 내내 열정적으로 우리를 맞아 준 루이스콜중학교 교장 선생님도 다르지 않았다.

"교육목표는 계속 변해 왔는데, 교장이 되어 특히 주목하게 된 것은, '관계와 정서에 대한 문제' 입니다. 대인 관계를 잘 풀어 나가고 정서적으로 안정이 되면 공부는 자연스럽게 하게 되는 것 같더군요. 사람은 누구나 배울 수 있는 힘을 갖고 있고 배워야 합니다. 저는 이러한 것들이 잘 이루어질 수 있도록 돕는 일을 교육목표로 삼고 있습니다. 도서관은 인간관계나 정서적인 문제를 도울 수 있는 가장 좋은 곳이고, 다양한 탐구 활동과 프로젝트 활동 등을 통해 스스로 배워 갈 수 있는 힘을 길러 주기에 최적한 곳입니다."

그들은 '전인교육' 을 추구하면서도 그것을 어떻게 풀어 나가야 하는지 방법을 알지 못하는 교장들과도 다르고, 말로는 '인성교육' 을 앞세우면서도 실제로는 '입시 교육' 밖에 모르는 교장들과도 크게 달랐다. 그들은 '교육' 을 진짜로 고민하는 사람들 같았고, 자신이 세운 신념과 철학에 따라 목표를 정하고 방법과 내용을 만들어 가고 있었다. 그리고 '도서관' 은 그런 그들 모두가 하나같이 발견하고 인정한 '진정한 배움과 성장을 돕는 길' 이고, '학교의 심장' 이었다.

캐나다 토론토 빈곤 지역에 위치한 조이스초등학교는 '도서관이 가진 힘'을 또 한 번 실감케 해 준 곳이었다. 나를 도서관 운동으로 이끌었던 달동네 학교와도 비슷한 이 학교는, 부모 가운데 무려 99퍼센트가 이민자이고, 20퍼센트가 초등학교 학력인 데다 재학생 가정 68퍼센트가 비영어권이다. 또, 백인이나 한국, 일본, 중국인은 찾아보기 힘들고 남미와 아프리카, 동남아시아 이민자가 많으며, 부모 중에는 모국어도 읽을 줄 모르는 문맹도 꽤 있다고 했다. 그렇다 보니 아이들은 학업 성취도가 매우 낮을 뿐만 아니라 일상생활에서도 무기력한, 참으로 심란한 '달동네 학교'였단다.

그러나 현재 교장 선생님이 취임하면서 '도서관'을 학교 중심에 세우고 열정적인 사서교사 앤드류를 채용하여 아이들을 책으로 이끌기 위한 적극적인 노력을 다하는 한편, 정부와 주에서 주관하는 프로젝트 사업을 따 와 전 교과에서 도서관 협력 수업을 지속적으로 전개했다고 한다. 그 결과, 이제는 토론토 학교 중에서도 학업 성취도가 매우 높은 학교, 생동감이 넘치는 학교로 180도 변신하게 되었단다. 이제 조이스초등학교는 우리처럼 외국에서까지 찾아오는 학교가 되어 있다. 참으로 기적 같은 이야기가 아닌가.

여행에서 만났던 교장 선생님과 사서 선생님들, 그리고 방문했던 도서관들마다 우리에게 큰 배움과 감동을 주었다. 그중에서 여느 도서관들과는 다른, 감동이라기보다는 큰 충격과 생각거리를 안겨 줬던 도서관이 하나 있다. 뉴저지 주 잉글우드 지역에 위치한 드와이트중고등학교 도서관이다. 이곳은 사립학교로 초·중·고가 함께 모여 있었는데, 초등학교 도서관은 교실 한 칸 규모로 아주 작았고, 중고등학교 도서관은 2층 규모로 거대했다. 물론 이런 도서관 규모에 충격을 받은 것은 아니다. 진정 놀라웠던 것은 중고등학교 도서관 총책임을 맡고 있는 기술교사의 도서관 운영 철학이었다.

이 학교 아이들은 초등 1, 2학년 동안 매주 사서교사가 들려주는 이야기를 통해 '책에 대한 흥미'를 키우고, 초등 3학년부터는 학생 모두 각각 랩탑 - 휴대용 컴퓨터 - 을 하나씩 지급받아 정보교사에게 도움을 받으며 '컴퓨터 활용법과 웹 자료 이용 예절'을 배운다고 했다. 그리고 중·고등학생이 되면 6~7만 권이나 되는 책 자료뿐 아니라 그보다 더 많은 웹 자료를 활용하여 공부하게 된단다. 웹 자료가 이처럼 큰 비중을 차지하고 있어서인지 도서관 바로 옆에 기술 센터가 있고 그곳에 기술교사와 그를 보조하는 교사, 그리고 랩탑 수리를 맡고 있는 기술자들이 근무하고 있었다. 사서교사들은 도서관에서 따로 근무하고, 도서관과 기술 센터 총책임은 기술교사가 맡고 있었다.

총책임자 선생님은 '미래 지향적 도서관'을 만들고자 한다고 했다. 그 의미를 묻자 그는 '도서관이 책만 만나는 곳이 아니라 휴식과 문화 공간이자 첨단 기술을 만나는 곳이 되게 하는 것'이란다. 그래서 그는 얼마 전 도서관을 보다 쾌적하고 시원스럽게 하기 위해 꽤 많은 책을 버려 공간을 넓히고 편안한 소파들을 들여놓았다고 했다. 그리고 그보다 더 많은 웹 자료를 사들이고 개인 랩탑 지급으로 인해 소용없어진 컴퓨터실을 학생들이 사용할 수 있도록 모둠 토론실과 휴게 공간으로 리모델링했다. 그는 앞으로 연관어 검색 프로그램과 연관 사이트 개발에 좀 더 힘을 쏟아 한 가지 생각이 수백 수천 가지를 뻗으며 확장되어 나아갈 수 있게 하고 싶으며, 그 실현을 위해 곧 최신 컴퓨터와 대형 모니터를 구매할 예정이라고 했다.

그는 현재와 미래를 꿰뚫고 있었다. 21세기 도서관은 책과 컴퓨터의 결합과 조화가 관건일 터, 드와이트 학교도서관은 그 앞을 정확히 내다보며 철저히 준비하고 있었던 것이다. 이들은 벌써 저만큼 멀리 달리고 있는데, 이제 막 걸음마를 시작한 우리 도서관은 어찌 해야 하는 것일까? 우리는 도서관에 소장된 책 자료조차 제대로 이용해 본 적이 없고, 1만 1천여 개가 넘는 학교도서관에 아직도 사서교사가 700여 명뿐인데, 한 학교에 사서교사 두 명에 기술교사와 기술자들까지! 대체 이 간극을 어찌해야 하나!

우리의 희망, 학교도서관

　우리나라 사람들은 도서관을 제대로 이용해 본 경험이 없어 도
서관이 가진 가치와 역할을 잘 모른다. 그렇기에 정부 역시 '지식
정보화 시대에는 독서가 곧 국가 경쟁력'이라 강조하면서도 학교
도서관에 전문 인력을 배치해야 한다는 생각은 못하고 - 2011년
사서교사 임용 0명, 2012년 사서교사 임용 1명! - 독서를 입시와
연계시켜 강제하는 방식만 고수하고 있다. 생각이 깨어 있다는
사람들 역시 도서관 문제에서는 크게 다르지 않다. 근래 우리 교
육의 대안이자 희망으로 주목받고 있는 '혁신학교'만 보더라도
그토록 '수업 혁신'을 주장하면서 도서관과 사서교사에 대해서는
별다른 언급이 없지 않은가.

　우리뿐 아니라 세계가 존경해 마지않는 세종대왕이 어째서 '문
자'에 매달리고 집현전에 공을 들였는지 깊이 생각해 봐야 한다.
또, 어째서 파울루 프레이리가 그토록 '문해 교육'을 중시했으며,
카네기처럼 자선사업을 하면서도 '경제성'을 따졌던 사업가가 미
국과 영국 등에 2,509개나 되는 도서관을 지어 주고 후원했을지
다시 생각해 봐야 한다. 이들이 너무 아득한 사람들이라면, 근래
국가적으로 '교육적 성공'을 거두면서 세계인의 주목을 받고 있
는 핀란드를 살펴봐도 좋다. 그들은 마을과 학교마다 도서관 천
지임에도 500여 개나 되는 이동도서관까지 만들어서, 도서관 가
는 일이 익숙지 않은 사람, 도서관을 가고 싶어 하지 않는 사람,
도서관에 갈 수 없는 사람들을 찾아가 책을 안겨 주고, 도시 아이

든 산골 아이든 다 같이 이용할 수 있는 어린이사이버도서관(플루사넨)까지 운영하고 있는 것일까?

문자는 인간 지성이 내린 뿌리이자 힘이다. 또한 책은 인류가 축적해 온 지식과 문화가 가득한 보고이자 우리 마음을 들여다보는 거울이다. 우리는 이들을 통해 마음을 흔들어 깨울 수 있고 정신에 날개를 달 수 있다. 뿐만 아니라 우리 아이들이 살아가고 있고 앞으로도 살아가야 할 시대는 '지식과 정보'가 생존이요 권력인 '지식 정보화 시대'이다. 따라서 이 시대에 책과 정보로부터 소외된다는 것은 '세종의 어린(어리석은) 백성들만큼이나 어엿븐(불쌍한) 존재'가 될 수밖에 없는 것이다.

도서관은 배움과 성장할 수 있는 기회를 누구에게나 공평하게 제공하는 곳이다. 특히 학령기에 있는 모든 아이를 대상으로 하는 학교도서관은 그러한 기회를 모든 아이에게 보다 적극적이고 체계적으로 제공해 줄 수 있는 유일한 곳이다. 서울의 달동네 학교도서관과 토론토의 조이스초등학교 도서관이 무기력함에 빠져 있던 아이들에게 웃음과 꿈을 되찾아 줄 수 있었듯, 우리 학교도서관 역시 제대로 운영된다면 어떤 학교, 어떤 아이에게서든 기적을 일으킬 수 있다.

북미 도서관 여행길은 이러한 우리 생각이 잘못되지 않았음을 확인시켜 주었고, 게을러지려던 마음에 새 힘을 불어넣어 주었다. 여행 기간이 길지 않은 데다 한 도서관을 둘러본 시간이 2~3

시간밖에 되지 않아 부족함이 많을 줄 안다. 그럼에도 우리는 이 탐방 프로젝트를 위해 여행을 떠나기 전 1년 동안 준비하며 읽었던 책과 관련 자료들, 또 여행 기간 내내 밤늦도록 거듭했던 회의와 검토, 그리고 여행에서 돌아와 1년여에 걸쳐 서로 토론하고 글을 쓰고 다듬은 그 힘에 의지하여 이 책을 세상에 내놓는다.

이 책은 북미 도서관을 이야기하고 있지만 사실 우리 도서관에 대한 이야기이고, 우리 교육에 대한 문제이며, 우리 아이들과 우리나라 미래에 관한 이야기이다. 도서관이 죽은 곳에는 배움과 성장이 있을 수 없고 미래가 없다. 부족함은 많지만 우리가 보여주는 진정성과 노력이 도서관이 가진 가치와 중요성을 일깨우고 대한민국 교육을 바꾸는 데 보탬이 될 수 있기를 바란다.

Welcome
Lower School
Library
Little People Can
Be BIG Readers!

Re-read!
Re-read!

초등학교 도서관 이야기

드와이트초등학교 도서관
조이스초등학교 도서관

'Read and Reread!'
읽기 활동의 첫걸음은 책 읽어 주기이다.
책 읽어 주기는 아이들에게 적극적으로 감성을 일으키게 하며,
논리적인 사고력을 키우도록 돕는다.
아이들이 실생활 속에서 어떻게 책과 관계를 맺어야 하는지,
그 방법을 알려 주기 위해 늘 아이들에게 책을 읽어 준다는
드와이트초 사서교사 힐리와 독서와 관련된 여러 행사를 벌이며
특히, '부모가 책 읽어 주기'를 강조하는 조이스초 사서교사 앤드류에게서
북미 초등학교 도서관 이야기를 듣는다.

펜션 마을을 연상케 하는 드와이트초등학교 주변 전경.

책 읽어 주는
드와이트초등학교 도서관
전선미 ● 평택 세교초 교사

낯선 이국땅에서 아침을 맞이했다. 새벽부터 내려 소복이 쌓이던 눈은 어느샌가 비로 변해 있었다. 전날 인천공항까지 바래다준 남편과 헤어지며 비행기에 올랐을 때만 해도 소풍 가는 여덟 살 꼬마처럼 마냥 설렜는데, 막상 첫 탐방지인 드와이트초등학교에 도착하니 긴장과 떨림으로 손끝이 저릿해 온다. 차에서 내려 주위를 휘 둘러보니 여러 방향으로 나 있는 큼직한 창문들, 잘 손질된 정원수, 깨끗하고 조용한 교정, 열다섯 동이 넘는 학교 건물들까지, 수북한 눈을 지붕에 얹고 차분하게 자리 잡은 이곳은 학교라기보다는 펜션 마을을 연상시켰다. 우리 일행이 학교 정경을 감상하는 사이, 노란 스쿨버스 예닐곱 대가 줄지어 들어왔다. 차문이 열리고 차례차례 나오는 올망졸망한 아이들이 벨을 누르고 들어간 곳이 바로 드와이트초등학교 입구다.

뉴저지 주 잉글우드 지역에 위치한 드와이트학교는 유치원부터 12학년까지 – 초Lower school · 중Middle school · 고Upper school – 모두 한 캠퍼스 안에 있는 남녀공학 사립학교이다. 1889년에 설립해서 현재 900여 명이 재학 중이며, 뉴저지 주 베르겐 카운티 내에서 랭킹 3위에 드는 매우 좋은 사립학교로 정평이 나 있다. 초등학교는 평균 16명 내외로 수업이 이루어지는데 한국 아이들이 전체의 11퍼센트나 차지한단다.

드와이트초등학교 건물로 들어가는 출입구(위)와 학생들을 태우고 학교 앞에 도착한 스쿨버스 (아래).

'일반 대중이 훌륭한 독서가가 될 수 있다. little people can be big readers.' 라고 적힌 문을 밀고 들어선 곳은 도서관이라기보다는 아담한 북 카페를 떠올리게 했다. 복층 높이의 높은 천장과 서가 위 벽에 걸린 아이들의 대형 협동화 작품, 전체 벽의 절반을 차지한 창에서 들어오는 따뜻하고 포근한 햇살, 푹신한 쿠션에 기대어 읽을 수 있는 편안한 공간, 카키색 카펫이 깔린 탁 트인 중앙, 그 구심점에 자리 잡은 흔들의자. 이곳에서 만난 사서교사 카를라 힐리는 마치 불이 지펴진 벽난로 앞에서 그림책을 읽어 주는 할머니를 만난 느낌이라고나 할까.

책과 아이들을 좋아한다는 힐리는 전직 3학년 국어 – 영어 – 교사였다. 드와이트학교는 행정적으로 학교의 재량권이 많은 사립학교여서 그런지 교사 채용 부분에서도 자유로워 교과 교사 출신인 힐리가 사서교사로 재임용될 수 있었단다. 힐리는 교과 교사 경험 덕분에 아이들과 더 친근하게 지낼 수 있었고, 일반적인 사

'little people can be big readers.' 가 적힌 포스터와 새로 들어온 책 표지들을 붙여 놓은 도서관 출입구(왼쪽)와 서가 위 벽에 걸린 아이들의 대형 협동화 작품이 눈길을 끈다(오른쪽).

서교사와는 또 다른 시각으로 아이들의 정서와 수준을 파악해 관계 맺기에 좀 더 유리하다고 했다.

힐리에게 드와이트초등학교에서 사서교사의 주된 업무가 무엇이냐고 묻자 그녀는 '책을 읽어 주며 책 소개하기'를 꼽았다. 학생들이 어릴 때부터 책과 관계를 맺도록 함으로써 다방면의 책을 가까이하는 습관을 갖도록 도와준단다. 예컨대 보통 남자아이들의 경우는 공룡이나 차에 관심이 쏠려 편독하는 버릇이 있는데, 이때 힐리가 그림책, 전래동화, 우화 등 다양한 종류의 책을 소개해 줘 골고루 접하도록 돕는다는 것이다.

드와이트학교는 1학년부터 5학년까지가 초등 과정으로, 1~2학년은 반드시 주 1회 도서관에서 사서교사와 수업을 한다. 이렇듯 사서교사가 아이들에게 정규 수업 시간으로 할당된 도서관 수업을 통해 책을 소개해 주면, 책에 대한 관심과 흥미를 갖게 된 아이들이 책에 대해 함께 이야기를 나누고(토론하기) 자기가 읽고 싶은 그림책을 스스로 골라 대출하여 1주일 후 반납한다.

환하고 아늑해 보이는 도서관의 내부(왼쪽)와 그 안에 편하게 책을 읽을 수 있도록 따로 마련한 공간(오른쪽).

사서교사 힐리가 진행하는 도서관 수업(책 읽어 주기) 장면.

    교장 선생님과의 인터뷰에서 교육목표에 대해 물었을 때, "이는 아이들로 하여금 시키는 대로, 배우는 대로가 아닌, 새로운 발견에 대해 두려움 없이, 스스로 공부하는 습관을 갖도록 하는 것입니다."라고 즉, '문제 해결 능력'이라고 답했다. 가령 텔레비전에서 용을 보았다면 용에 관한 책을 찾아보면서 새로운 지식을 책에서 스스로 얻게끔 도와주는 역할이 바로 도서관이 할 일이라는 것이다. 힐리 역시 아이들이 실생활 속에서 어떻게 책과 관계를 맺어야 하는지, 그 방법을 알려 주기 위해 늘 아이들에게 책을 읽어 주고 있는 듯했다.

책 읽어 주기의 꽃, 책 친구 프로그램

    우리는 이곳이 책과 얼마나 친숙해져 있는지를 도서관 여기저기에서 쉽게 발견할 수 있었다. '이달의 책'을 선정하여 준비해 두는 한편, 성인 키 절반쯤 되어 보이는 게시판을 이용해 책의 한 페이지를 그대로 옮겨 두거나, 커다란 창문에 멋진 시 한 편을 붙여 놓고 그곳을 지나는 모든 아이가 읽을 수 있도록 하고 있었다. 뿐만 아니라 지역의 인적 자원을 활용하기도 하는데, 매주 금요일 아침마다 이루어지는 학급별 학부모 자원봉사자의 책 읽어 주기read aloud, 초청한 시인과 함께 시를 읽고 쓰며 배워 보기, 책을 읽고 이해하는 데에 어려움을 느끼는 아이들에게 도움을 주고자 교내에 상주하는 2명의 독서교사reading teacher가 그것이다.

이렇듯 드와이트초등학교에서는 아이들에게 책 읽어 주는 행위가 읽기 활동의 첫걸음이 된다. 아이들은 책 읽기를 통해 적극적으로 감성을 일으키기도 하고, 읽기가 재미있고 즐겁다는 경험을 충분히 얻고 있었다.

특히 힐리는 도서관 활동 중에서 교육적 효과가 아주 좋은 예라며 '책 친구 프로그램Book Buddy Program' 을 소개해 주었다. 이것은 저학년과 고학년이 1년간 일대일로 짝을 이루어 주 1회 또는 월 1~2회 정도 자율적으로 만나 같은 주제의 책 읽기를 하는 프로그램으로, 아

읽을거리를 적어 도서관에 세워 둔 게시판.

이들은 책을 읽고 난 후 서로의 다른 관점을 공유하며 소통하게 된다. 물론 어려운 책일 경우는 사서교사가 직접 책을 읽어 주기도 한다. 이때 이용되는 도서는 몇몇 선생님과 부모, 사서교사가 참여하여 고르며, 설문 조사에 기초한 아이들이 좋아하는 책best children's book 목록, 좋은 메시지를 전달해 주는 책, 같은 주제를 다룬 책, 수준이 다른 책들로 매달 6~7권가량 선정된다. 그중 2권은 빌려 갈 수 있으며, 빌려 간 책은 집에서 엄마가 읽어 주기도 한단다.

때마침 우리 일행이 방문한 그날 반갑게도 도서관 학부모 자원봉사자로 활동 중인 한국인 정유진 씨를 만날 수 있었다. 자녀는 현재 2학년이며, 역시 '책 친구 프로그램'에 참여하고 있다고 했다. 1년간 프로젝트를 같이 수행하기 위해 아이들끼리 이야기를 나누고 할로윈 행사와 같은 특별한 날에는 축하 카드를 서로 주고받기도 한다면서 프로그램에 매우 만족해하고 있었다.

이처럼 '책 친구 프로그램'은 저학년과 고학년 사이의 멘토와 롤모델을 경험함으로써 나이 간의 협력과 다름을 인정하는 시너지 효과를 톡톡히 내고 있었다.

'책 친구 프로그램'은 캐나다뿐만 아니라 영국, 미국 등 여러 나라에서도 적용하고 있는 독서 교육 프로그램 중 하나이다. 나라별로 '파트너와 읽기' 또는 '친구와 읽기'로 불리기도 하는데, 교실 안에서 이루어지는 일대일 독서 학습 방법으로 읽기 능력이 뛰어난 학생과 그렇지 않은 학생이 짝을 이루어 도와주는 프로그램을 말한다. 대부분은 저학년과 고학년이 짝을 이루도록 하며, 보통 30분 동안 짝과 함께 소리 내어 크게 읽는 활동을 한다. 이때 돌아가며 읽기, 나란히 앉기, 친구가 읽을 때 잘 들어 주기, 친구에게 생각할 시간 주기, 이야기를 요약하기 위해 몇 페이지마다 멈추고 다시 말해 보기, 읽은 곳까지 중심 내용 말하기 등과 같은 규칙을 지키도록 한다.

책을 넘어서는 정보검색 방법 배우기

도서관 문을 열고 나오자 바로 정보실이 나타났다. 정보실은 독립된 공간이 아니라, 도서관 앞 복도에 ㄷ 자형 벽면을 따라 13대 정도의 컴퓨터가 빙 둘러 있는 곳이었다. 마치 도서관에 세 들어 사는 집 같다고나 할까? 그곳에서는 놀랍게도 사서교사와는 별도로 컴퓨터 서비스를 전문으로 담당하는 정보 전문가인 기술교사Technology Professor 크리스틴을 만날 수 있다. 그녀에게 우리에게는 낯선 '기술교사'의 역할이 무엇이냐고 물으니, 정보실이 아닌 교실에서 3학년부터 5학년까지 정보검색 방법을 가르친단다. 이는 학교에서 학생들에게 개인 노트북 – 랩탑 – 이 제공되므로 교실에서 개인별 정보검색이 가능하기 때문이라고 했다. 우리나라에서도 학생에게 개인 노트북을 제공하여 프로젝트 학습에 유용하게 활용하고 있는 사례를 경기도 양평의 조현초등학교에서 본 적이 있다. 그땐 별다른 생각이 없었는데, 이제와 보니 새

도서관 출입문을 열고 나오면 바로 통하는 정보실.

삼 굉장히 앞서 가는 시도였다는 생각이 든다.

크리스틴은 우선 담임교사의 요청이 있을 때 아이들에게 도움을 주러 교실로 간단다. 그녀는 컴퓨터로 필요한 자료를 찾는 방법, 프로젝트 단계에 따른 리서치 방법, 저작권과 관련된 자료 인용 에티켓 등을 가르친다고 했다. 초등학교에서 기본적인 스킬을 중심으로 가르치면, 나아가 중·고등학교에 가서는 좀 더 정교한 검색 기술을 배우는 것으로 연계될 수 있단다. 예를 들어 DNA에 대한 프로젝트일 경우 과학 잡지를 이용하여 좀 더 섬세한 정보를 얻도록 하는 것이다. 고학년 아이들의 경우 백과사전을 이용해 조사할 때를 제외하고는 도서관 이용이 드물다는 말에 깜짝 놀랐었는데 이렇게 교실에서 온라인으로 대체하고 있었던 것이다.

저학년을 담당하는 사서교사가 힐리라면, 고학년인 경우에는 사서교사에 정보검색 전문가를 겸비한 크리스틴이 담당하고 있는 것이다. 담임교사가 학생들에게 과제를 내면 크리스틴은 웹

왼쪽 책상은 기술교사의
자리이고, 벽면을 따라
컴퓨터가 늘어서 있다.

사이트나 컴퓨터로 검색할 수 있는 정보를 제공한다. 결국 2학년
까지는 정보 수업이 아닌 도서관 수업을, 3학년부터는 선택적으
로 기술교사의 도움을 받아가며 정보 수업을 하고 있는 셈이다.

정리하면, 저학년에게는 컴퓨터보다는 책이 교육적이라 여겨
책을 가까이하는 습관을 익히게 하고, 고학년에게는 책과 함께
전문 웹 사이트를 통해 올바른 정보를 수집하여 새로운 지식을
알아 가는 정보 활용 능력을 키워 주고 있다. 이처럼 책 외에도
전문 웹 사이트 검색 역시 중요한 학습 교재로 여겨 전문 기술교
사로 하여금 아이들의 자료 검색 및 리서치를 돕게 한 것이다.

교실 안으로 들어온 작은 도서관

피터 데이비스 교장 선생님은 우리에게 "초등학생들에게는 책
을 많이 보여 주는 것이 좋다고 판단하여 교과목에 필요한 책, 학

년에 맞는 책들을 교실에 비치하고 있습니다. 교실에서 프로젝트를 하거나 개인적으로 좋아하는 책을 읽을 수 있도록 말이지요."라고 이야기했다. 그래서인지 모든 교실 안에 작은 도서관이 있었다. 학년과 학급의 개성에 따라 눈높이에 맞춘 책꽂이가 칠판 밑으로, 또는 어른 키를 훌쩍 넘는 책장이 한쪽 벽면으로 자리 잡고 있었다. 책장 속에는 종류도 가지가지이지만, 낱권뿐 아니라 2명에 1권, 많게는 반 전체 모두에게 돌아갈 만큼의 복본 – 원본을 그대로 베낀 서류 – 이 여러 종류 꽂혀 있었다. 학급마다 다소 차이는 있으나, 주로 주제별mysteries, school, easy readers, animal, non-fiction, biographies 이나 작가별로 바구니마다 분류해 두어 아이들이 필요에 따라 손쉽게 이용하는 듯 보였다. 이처럼 교과 수업에 필요한 책들은 모두 도서관이 아닌 교실에 있었다. 기본적인 책뿐만 아니라 어디서든 편하게 책 읽을 공간도 놓치지 않고 마련한 학교의 센스가 돋보였다.

크리스틴에게 학급 담임교사와 얘기를 나누고 싶다 했더니 3학년 교실로 우리를 안내했다. 담임교사들은 독서야말로 학생들 활동에 교육적으로 많은 도움을 줄 수 있다 믿으므로 교과 시간에도 책을 많이 활용한다고 했다. 우리나라 아이들도 다 알 만한 《샬롯의 거미줄》과 같은 고전 역시 수업의 교재가 된다. 이외에도 쓰기 연습을 위한 그림책 이용하기, 작가 탐색을 위한 한 작가의 여러 작품 읽기, 여러 관점을 이해하기 위한 다른 생각이 담긴 글 찾아 읽기, 작품 전체 읽기 등 담임교사의 교육 활동 계획에 따라

다양한 방법으로 책을 활용
하고 있었다. 또한 담임교사
들은 아이들이 최근에 나온
책들을 더 좋아하기 때문에
학교 입장에서도 계속 새로
운 책들을 살펴보고 사야 한
다고 덧붙였다.

이렇게 작은 도서관이 모
든 학급으로 들어올 수 있는
것은 학교 예산의 일부가 학
급과 학년의 책 구매비로 책
정될 뿐만 아니라 주State에
서도 별도의 예산 지원이 있
기에 가능한 일이다.

칠판 밑으로 길게 자리 잡은 교실 속 작은 도서관
(위)과 책을 시리즈별로 분류하여 바구니마다 담
아 놓은 교실 속 작은 도서관(아래).

적극적인 읽기 활동의 완성은 쓰는 것

개성 넘치는 드와이트초등학교 교실에는 교실 속 작은 도서관
과 이것이 있었다. 바로 '쓰기에 대한 가이드라인' 이다. 5학년 교
실의 한쪽 벽면에 'Writing Corner' 라는 공간을 마련하여 글을
잘 쓰는 방법이나 고쳐 쓰는 법에 대한 안내 벽보들을 붙여 놓기
도 했고, 또 다른 교실의 칠판 위 벽면에는 '글의 구성, 뒷받침,

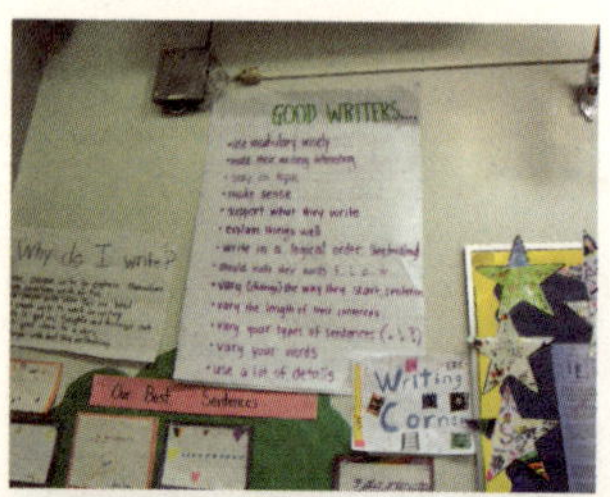

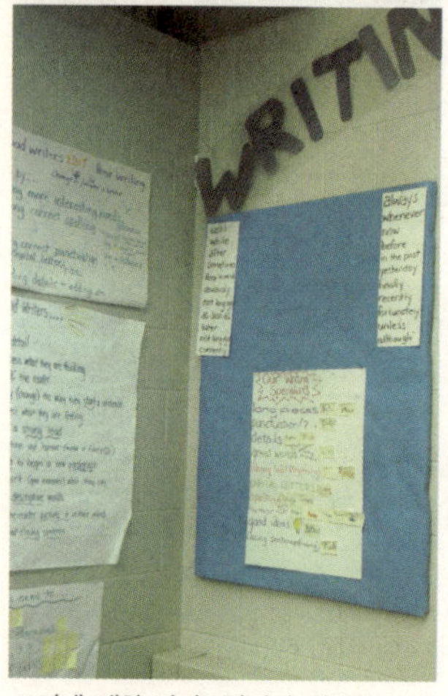

쓰기에 대한 가이드라인이 게시된 교실
벽면(위)과 글을 잘 쓰는 방법이나 고쳐
쓰는 법에 대한 게시물을 붙인 교실 내
'Writing Corner' 공간(아래).

문장구조, 단어 선택, 서술'에 관한 안내문이 빨랫줄에 빨래 널리듯 줄지어 매달려 있었다. 다른 학년의 교실에도 'Reading Attitude Survey'라는 벽보가 있었는데, 이는 학생 각자가 독서에 대한 자신의 생각을 몇 문장으로 간단히 적어 놓은 것이다. 이 밖에도 쓰기 기술에 대한 다양한 안내 벽보들을 붙여 놓아 단어와 낱말 사용에 관한 문법적인 안내를 학생들에게 함으로써 쓰기와 독서에 대한 다양한 고찰을 하게 한 노력이 엿보였다.

더불어 정기적으로 작가와 만남의 시간을 마련하여, 역시 아이들에게 책이 어떤 쓰기 과정을 거쳐서 완성되었는지에 대해 이야기를 들어 보게 하고, 동시에 쓰기에 대해 가르쳐 주고 같이 활동을 해 보는 것까지 진행한다고 했다.

이처럼 적극적인 읽기 활동이 정보를 수집하고 탐색하는 과정을 거쳐 쓰기로 완성된다는 것을 교실 현장에서 확인할 수 있었고, 읽기와 쓰기, 즉 리터러시 literacy 활동이 늘 연관되어 있어 누구나 쓸 수 있고 쓰기 활동에 쉽게 다가갈 기회를 많이 주려고 노력하고 있었다.

교사가 선택하는 교육과정

새 학년이 시작되기 전에 교과 교사, 사서교사, 기술교사가 모여 학기 동안 가르치게 될 교육과정에 대해 활발한 토론을 거쳐 주제를 선정한다. 그런 다음, 교과별 주제에 따라 학습 자료로 활용될 책을 선별하고 리서치나 프로젝트 학습을 할 때 학생들에게 제공할 웹 사이트를 미리 조사한다. 예컨대 '청교도'라는 주제를 배울 때 학생들은 주제와 관련된 소설, 논픽션, 역사 책, 백과사전류, 잡지 등의 다양한 자료와 함께 구체적인 전문 웹 사이트 주소까지 안내받는다. 그래서 드와이트초등학교에서는 교과서가 필요 없다. 단지 학습할 주제가 있고, 그 주제에 대해 아이들이 스스로 파헤쳐서 알아 갈 수 있도록 다양한 자료가 오프라인뿐 아니라 온라인에서도 제공되는 것이다.

그렇기 때문에 사서교사는 책을 주문하기 전에 교과 교사와 함께 프로젝트에 필요한 책을 미리 의논한다. 이렇듯 교과 교사가 교육과정을 구성할 때 사서교사가 적극적으로 나서는 까닭은 책이 수업의 주된 내용이 되기 때문이며, 이러한 교육과정의 구성에서 교사들의 자율성은 교과 수업의 전문성으로 이어지고 있다.

드와이트초등학교에서는 학년 초부터 교과 교사, 사서교사 그

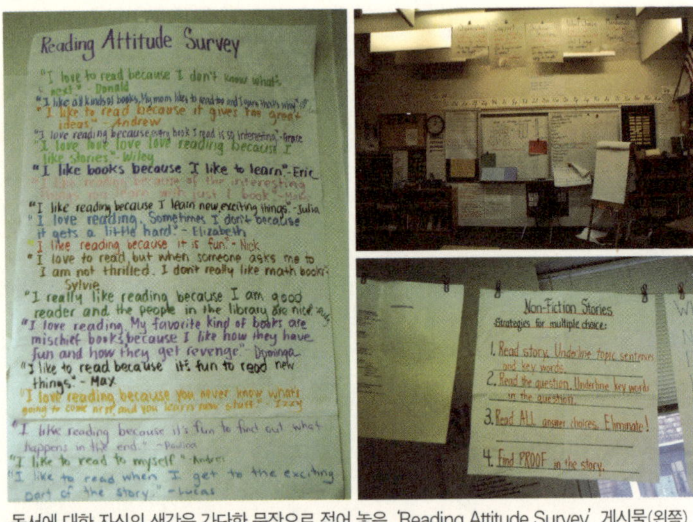

독서에 대한 자신의 생각을 간단한 문장으로 적어 놓은 'Reading Attitude Survey' 게시물(왼쪽).
글의 구성, 뒷받침, 문장구조, 단어 선택, 서술에 관한 안내문을 걸어 둔 교실 모습(오른쪽 위).
논픽션의 다항식 선택법에 관한 교실 게시물(오른쪽 아래).

리고 기술교사가 협력하여 커리큘럼에 대해 고민하고 아이디어를 내며, '다양한 자료 제공'이라는 거름을 부지런히 뿌린다. 그리고 그것을 영양분 삼아 무럭무럭 자라날 아이들은 오늘도 책과 마주하며 함께 소통한다.

'읽어 주기의 힘'을 다시 생각하다

아이들에게 책을 읽어 주는 행위는 읽기 활동의 첫걸음이다. 아이들은 책 읽기를 통해 적극적으로 감성을 일으키기도 하며, 읽기 활동이 재미있고 즐겁다는 경험을 얻는다.

　10여 년에 걸쳐 그림책 수업을 하고 있는 《선생님, 우리 그림책 읽어요》의 저자 강승숙 선생님, 아이들에게 책을 읽어 주며 소통하고 있는 《읽어 주며 키우며》의 저자 강백향 선생님, 아이들에게 책을 읽어 주며 알게 된 노하우를 주제별, 수준별로 분류하여 여러 선생님께 나눠 주고 있는 성희옥 선생님. 그들 역시 한목소리로 아이들을 책으로 이끌기에 '읽어 주기' 만 한 것이 없다고 말한다. 이들의 그림책 수업은 규칙적으로 꾸준히 읽어 주었다는 것, 그리고 책을 매개로 아이들의 생각을 나누는 소통이 있었다는 공통점이 있다.

　이처럼 책 읽어 주기는, 아이들에게는 자기의 생각을 말하고 이야기할 줄 아는 논리적인 사고력을, 교사에게는 아이들로 하여금 책의 즐거움에 한 발짝 다가서도록 이끄는 가장 효율적인 방법일 것이다.

　《뇌내혁명》의 저자 하루야마는 책을 통해 뇌 호르몬 이론을 토대로 건강하고 성공적인 삶을 설명하고 있는데, 그 핵심은 플러스 발상을 할 때는 '엔돌핀' 이, 마이너스 발상을 할 때는 '노르아드레날린' 이나 '아드레날린' 이 나온다는 설이다. 적용해 보면, 그림책을 보면서 교사의 생동감 있는 소리를 전해 들은 아동은 편안한 심리 상태에 놓인다. 따라서 심신이 안정을 취하고 있을 때의 뇌파가 발생하는데, 이때 뇌의 발달과 밀접한 알파파가 다량 방출된다고 하니, 읽어 주기가 가져다주는 이점은 실로 크다 할 수 있을 것이다. 이런 측면에서 볼 때 드와이트초등학교에서 실천하고 있는 즐거운 책 읽기 활동은 교사와 학습자 간의 의미 있는 커뮤니케이션이라고 할 수 있다.

정보 교육 없는 정보화 시대의 아이들

21세기는 누구나 인정하듯 '정보화 시대'이다. 그러나 우리나라 학교에서는 드와이트학교와 같은 '정보검색 교육'이 전혀 이뤄지지 않고 있다. 내가 근무하고 있는 학교 역시 3월에 한두 번 정도 1학년을 대상으로 도서관 수업이 있을 뿐이다. 아이들에게 도서관에서 지킬 예절과 대출 및 반납 절차를 알려 주는 수업은 이 한두 번으로 끝이다. 정보교사가 따로 있는 것도 아니다. 물론 담임교사가 재량 시간을 이용해 많게는 일주일에 한 시간씩 '정보 통신 교육'을 할 수는 있으나, 순수하게 정보검색의 방법을 가르치거나 구체적으로 안내하는 일은 거의 없다. 그도 그럴 것이 교사 역시 체계적인 정보검색 및 활용 교육을 받아 본 적이 없다. 때문에 우리나라에서는 정보검색에 관한 능력 배양은 아이들 각자의 몫이 되었다.

아이들이 필요한 자료를 스스로 찾아보고 문제 해결을 할 수 있도록 도와주는 체계적인 시스템이 필요하다. 따라서 체계적인 정보검색 교육을 위한 교사 교육이 선행되어야 함은 물론이거니와, 사회·역사·철학·수학·과학·예술·스포츠 등 다양한 분야에서 정보로서의 가치가 충분한 전문 웹 자료의 개발 및 보급이

병행되어야 할 것이다. 가르칠 준비가 된 교사와 지적 호기심을 일으킬 아이들이 만난 그곳에서 배움이 생겨난다. 그러니 정보화 시대에 정보가 홍수처럼 넘쳐 난다고 입으로만 말할 것이 아니라, 그 속에서 우리 아이들이 지혜롭게 정보를 활용할 수 있도록 하는 교육 실천이 있어야 한다.

소개합니다

학교 위치_315 E Palisade Ave, Englewood, NJ 07631-0763
연락처_(201)569-9500
홈페이지_http://www.d-e.org
제공 학년_Pre K-12
교사 대 학생 비율_1:9
교과과정_영어, 수학, 역사, 사회, 과학 등 학년별로 다양한 커리큘럼 제공

유치원부터 12학년까지 무한한 교육적 경험을 제공하는 남녀공학 사립학교다. 초등부, 중등부, 고등부 서로 다른 특성을 가진 3개 학교로 구성되어 있다. 베르겐 카운티에서 가장 다양성을 존중하는 학교로 뉴욕과 뉴저지 80개 도시를 대표하는 학생들이 다니고 있다. 이 학교는 '중부학교연합Middle States Association of Colleges and Schools' 과 뉴저지 교육부로부터 인가받아 '사립학교연합' 에 소속되어 있다. 드와이트학교는 대학 진학을 위한 질 높은 교육을 제공함과 동시에 독립적인 사고력, 문제 해결력, 기술과 기능, 인내와 청렴 교육 등을 통해 다양성이 공존하는 세계에서 성공할 수 있도록 이끌고 있다.

조이스초등학교의 외관.

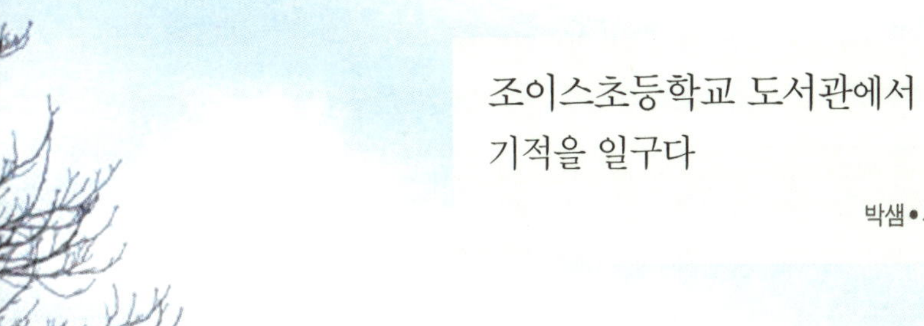

조이스초등학교 도서관에서
기적을 일구다

박샘 • 서울 정릉초 교사

그날 아침 조이스초등학교는 내 머릿속에 한 장의 그림으로 진하게 박혀 있다. 잔잔한 물결이 몽환적으로 펼쳐진 하늘, 여기저기 가만히 내려앉은 희뿌연 눈, 섬세한 가지들을 맘껏 뻗쳐 놓은 겨울나무, 오도카니 납작하게 엎드려 한 줄로 선 아이들을 주르르 빨아들이는 조이스초등학교. 그때만 해도 이 학교가 내게 얼마나 벅찬 감동으로 스며들지 짐작조차 하지 못했다.

우리가 도착했을 때 아이들은 학교에 들어가기 위해 줄지어 서 있었다. 학교 누리집에서 재학생 중 68퍼센트가 다문화라는 내용을 보았는데, 실로 아이들의 모습은 정말 각양각색이었다. 나와 자꾸만 눈이 마주치는 여자아이에게 어느 나라 사람이냐고 물었더니 베트남에서 왔단다. 우리는 한국에서 왔다니까 환하게 웃으면서 '소녀시대' 팬이라며 한껏 흥분된 목소리로 이야기를 늘어놓는다. 학교 안으로 들어서니 이번 방문을 준비해 주신 교육청 소속 게리 카미노 씨와 셰릴 페이지 교장 선생님, 그리고 학생회장이 우리를 반겨 주었다. 때마침 하루를 여는 방송이 흘러나왔다. 여느 국가와 달리 통통 튀는 아카펠라 버전의 캐나다 국가, 그리고 한국 손님을 환영하는 발랄한 멘트, "웰컴!". 아이들은 생기 넘치는 표정으로 눈을 반짝이며 우리 쪽을 힐끗 쳐다본다. 설렘과 긴장으로 범벅된 내 마음은 스카이콩콩이라도 탄 듯 콩콩

미술 작품이 전시된 복도(위)와 아이들의 활동 사진이 전시된 복도(아래).

튀었다. 이윽고 우리는 도서관으로 향했다.

사통팔달, 문만 열면 도서관

'도서관은 학교의 심장'이라는 말을 가장 최적화한 곳이 바로 조이스초등학교 도서관이었다. 5, 6학년 교실의 뒷문을 열자, 도서관이 나타나는 것이 아닌가! 다른 학년 교실 역시 도서관과 연결되어 있었다. 모든 교실이 도서관을 중심으로 뼁 둘려 있는 것이다. 때문에 아이들은 수업하면서 필요할 때마다 도서관을 쉽게

도서관에는 책이 수준별, 주제별로 서가에 꽂혀 있고, 도서관에서 프레젠테이션을 하기도 한다.
지역 도서관 사서교사가 교실에서 책을 읽어 주는 활동도 한다.

드나들 수 있었다. 이러한 물리적인 구조가 교실과 교실을 연결하고 선생님들과 학생들 간의 협력을 보다 자연스럽고 활기차게 만들었다. 생명의 물줄기를 뿜어내고 온몸 구석구석을 돌아온 에너지가 관통하는 심장, 팔딱팔딱 뛰는 학교 활동 중심에 살아 숨쉬는 도서관이 있었다. 50년 역사를 가진 이곳은 원래 교실과 도서관이 구분되지 않은 열린 공간이었는데 소란스러웠던 탓에 15년 전 벽을 만들고 중앙에 도서관을 꾸렸단다. 따로 강당 같은 공간이 없어서 공연장이나 모임 장소로도 사용한다고 했다. 사실 이런 도서관이 토론토에 보편적인 것은 아니다. 교장 선생님은 다른 학교 100여 곳 이상을 다녀 보았지만 이렇게 구조 자체가 서로 협력할 수 있도록 만들어진 곳은 드물다고 했다. 온타리오

주 도서관 협회에서는 모든 학교에 있는 도서관이 이러한 구조로 변모되기를 장려하고 있다. 학교 구성원 모두가 찾고 싶어 하는 곳, 정보를 얻을 수 있는 곳, 상호작용 할 수 있는 곳, 이 세상과 서로에 대해 더 잘 알 수 있게 하는 장소가 도서관일 수 있기를 기대한다. 도서관을 중심으로 활발한 소통이 이루어져서인지 각 교실도 스스럼없이 열려 있었다. 교장 선생님과 함께 교실을 둘러볼 때에도 선생님과 아이들은 우리 일행을 개의치 않고 평소처럼 수업에 몰두했다.

열 가지 언어로 설명한 안내판
그 아이들을 아우르는 달동네 학교

사서교사이자 기술 관련 담당자 앤드류는 한 자 한 자 또박또박 "환영합니다."라는 한국어 인사말로 우리를 맞이했다. 그는 여러 선생님과 아이들에게 협력 수업을 통해 도움을 줄 수 있다는 것을 사서교사로서 가질 수 있는 큰 기쁨이자 특권으로 생각한다는, 열정적이고 넉넉한 사람이었다. 그러니 멀리서 학교를 탐방하겠다고 온 우리를 위해 프레젠테이션을 준비한 정성은 또 어떠했으랴. 그런데 프레젠테이션 도입부에서 열악한 환경에 있는 조이스초등학교에 대해 알게 된 순간 왈칵 눈물이 솟구칠 것 같았다. '메인 문을 통해 들어오세요.Please enter through main doors.' 라는 문장을 열 가지 언어로 소개한 안내판을 보면서 적잖이 여러

사서교사 앤드류가 준비
한 프레젠테이션.

나라에서 온 아이들이 다니는 학교구나라는 생각을 했었다. 그런데 실지 재학생 가정 68퍼센트가 비영어권 문화를 바탕으로 하고 있었고, 부모 중 99퍼센트는 이민자, 20퍼센트는 초등학교 졸업이 최종 학력이었다. 모국어도 읽을 수 없는 문맹도 꽤 되었다. 그 사실만으로도 이 학교에 대해 여러 가지를 짐작할 수 있었다. 우리나라 현재 상황에 대비해 보았을 때 전교생 중 70퍼센트가 한국어에 서툴고, 학부모는 대부분 다른 나라 출신에 생계를 위해 고단한 삶을 살고 있다면 무엇이 다를까. 이런 가정은 실제로 외국인 노동자가 많이 거주하고 있는 지역이라면 충분히 가능성 있는 이야기다.

문득 학교에 들어가기 전 만났던 베트남 어머니가 머릿속에 스쳐 지나갔다. 아이를 학교에 데려다 주고 돌아가려 하시기에 나는 잠깐 인터뷰라도 하고 싶어서 말을 걸었다. 하지만 그분은 영어로는 거의 의사소통이 불가능해 손짓 발짓해 가며 겨우 몇 마

디 나눌 수 있었다. 그분이 바
로 기초 교육을 제대로 받지 못
했고 먹고살기 바쁜 조이스초
등학교의 학부모이지 않을까.
동시에 학교에 들어가기 전 우
리와 즐겁게 이야기 나누었던
여자아이의 모습도 함께 떠올
랐다. 조이스초등학교가 이 아
이들과 학부모에게 어떤 의미
로 다가가는지 한층 더 궁금해
졌다.

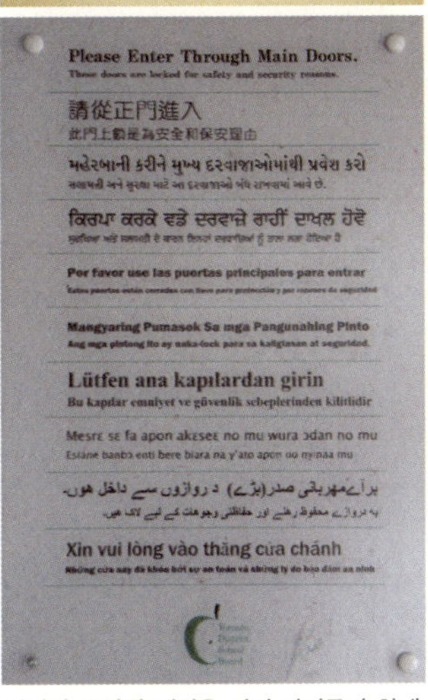

다양한 문화적 배경을 가진 아이들이 한데 어울려 활짝 웃고 있다(위). 정문으로 들어오라는 설명이 열 가지 언어로 되어 있는 안내판(아래).

힘겨운 도전의 첫걸음, 책 읽기

앤드류는 설명 중간마다 도
전적인, 도전 의식을 북돋우는 의미를 가진 'challenging' 이라는
단어를 자주 사용했다. 그렇다. 이곳은 힘들다고 여기면 한없이
좌절하게 될 법한 도전적인 교육 환경이다. 그럼에도 불구하고
선생님과 아이들은 삐죽삐죽 모가 난 것을 탓하기보다 '지금, 여
기서' 할 수 있는 일들을 기꺼이 찾아서 하고 있었다.

그 힘겨운 도전을 향한 첫걸음이 바로 책 읽기이다. 독서와 관

련된 '가족 단위 워크숍Help Your Child Learn to Read'[1]을 열거나 학교 누리집에 '아이와 함께 책을 읽을 때 유의할 점Reading with your child'[2], '아이의 사고를 확장시킬 수 있는 질문들Questions that encourage talk'[3] 등을 구체적으로 안내하면서 특히, '부모가 책 읽어 주기'를 강조하고 있었다. 학부모들에게 '책 읽어 주기'와 아이들의 학업 수행 및 읽고 쓰는 능력의 상관관계를 설명하며, 책 읽어 주는 효과적인 방법을 논의하는 모임 ─ 모임에 참여 가능한 시간, 아기를 돌봐 주는 사람이 필요한지까지 묻고 있었다. ─ 등을 소개하고 참여를 유도했다. 그럼 영어를 모르는 학부모는 어떻게 할까? 읽어 주고 싶어도 읽을 수가 없는데 그냥 소외될 수밖에 없을까? 아니다. 학교에서 그들을 위해 모국어로 책을 번역해 주기도 하고, 부모가 능률적으로 자녀의 독서를 도울 수 있는 방법 등을 안내하고 있었다. 예를 들어 독서 도중 모르는 단어를 클릭했을 때 바로 뜻을 확인할 수 있도록 도와주는 'WiggleWorks'라는 소프트웨어를 이용하면 아이들은 균형을 깨지 않고 독서를 계속 이어 나갈 수 있다. 또 이 프로그램은 몇 개 단어를 사라지게 하는 것이 가능해 의미나 문법적으로 적합한 단어를 예상해 보게 함으로써 언어 능력을 키울 수 있다.

하지만 부모들은 자녀 교육에 대한 관심보다는 일터로 나가기 바쁜 상황이다. 빠듯하게 하루하루 살아가는 그들을 학교로 오게 하고 함께 나아가기가 몹시 어렵긴 하단다. 그래도 학습자, 교사, 학부모, 이 삼박자가 맞아야 변화를 모색할 수 있기에 학부모 교

가정에서 부모와 함께 읽을 수 있게 읽을거리를 제공한다.

육에 꾸준히 힘을 싣고 있었다. 방과 후, 저녁에 강습회를 열어서 아이들이 학교에서 뭘 하고 있는지 보여 주고, 부모와 아이가 함께하는 프로그램이나 집에서 학습할 수 있는 주제, 자료 들을 제공한다. 심지어 도서관에서 수학 교실이나 음악 프로그램도 진행한다고 했다.

가정에서 아이들을 지원할 여건이 변변치 못하니 학교가 앞장서 아이들에 대해 사명감을 가지고 노력하고 있었다. 이런 학교가 아니면 아이들은 어떻게 커 나갈지, 학교를 기반으로 성장하지 않는다면 아이들에게 부모가 걸었던 힘겨운 삶이 고스란히 대물림되지는 않을는지 하는 생각이 들었다. 조이스초등학교가 온타리오 주에서 실시한 성취도 평가에서 수리 영역 100퍼센트, 읽기 88퍼센트, 쓰기 96퍼센트를 달성한 것은 열악한 환경에 있는 다문화 학교라는 것을 감안했을 때 실로 기적 같은 성과다.

우리나라에서도 교육 복지에 대한 관심이 점차 커지면서 '돌봄'의 영역을 넓히려 하고 있다. '교육복지우선지원사업'을 벌여 교육 취약 계층을 배려한다거나 돌봄 교실을 운영하여 저소득층 가정 어린이와 학습 부진아에게 방과 후 교육을 하는 것이 그 예다. 조이스초등학교 사례를 보면서 돌봄을 제대로 꾀하려면 학교에서 행하는 전반적인 시스템이 협력, 참여, 존중을 바탕으로 유기적으로 조직되어야 한다는 것, 아이들의 기초 능력을 우선하여 다져 주어야 한다는 것, 그리고 도서관과 같이 학교가 추구하는 교육목표를 구체적으로 지원할 수 있는 구심점이 필요하다는 것을 느꼈다.

협력 수업은 사서교사의 핵심 역량

앤드류가 조이스초등학교에서 사서교사로서 해야 하는 4가지 중점적인 역할을 소개해 주었다.

첫째, 읽기 능력 신장시키기

이를 위해 사서교사는 기본적으로 책을 구매해서 비치하고 대여하는 일을 담당한다. 몇몇 아이는 부모가 이야기를 읽어 준 경험이 없기 때문에 이야기나 읽기가 뭔지도 모르고 학교에 온다고 한다. 읽기는 모든 학습의 기초가 되는 것이 아니던가. 이러한 실정을 극복하기 위해서 앤드류는 아이들이 책을 좋아하고 읽기를 흥미 있게 할 수 있는 전략을 개발하고 갖가지 활동들을 하고 있었다. 이를테면 선생님들이 독특한 의상으로 분장하여 연극을 통해 책과 관련된 미스터리 문제를 낸다. 아이들은 그 문제를 풀기 위해 책을 읽는다. 이때 특별 손님으로 교장 선생님이 등장하여 'Read and Reread!(읽고 또 읽자!)'와 같은 방법들을 팻말에 써서 하나씩 보여 준다. 이는 어떻게 하면 책을 더 잘 읽을 수 있는지, 어떤 독자가 되어야 하는지 힌트를 주는 것이다. 이런 여러 활동을 통해 아이들이 흥미를 갖고 자발적으로 책을 읽게 되면 분명 이해 능력, 어휘력, 맞춤법, 문법 활용 능력, 작문 능력 등의 언어 능력은 훨씬 향상될 것이다.

또한 앤드류는 이와 더불어 교과 교사와 함께 읽기 방법, 교수법 등 나름의 노하우를 공유하는 장을 마련하고 있다. 선생님들은 각자 생각하고 접근하는 방식이 다르므로 수업 진행 과정을 공유하게 되면, 저학년과 고학년의 읽기 과정이 연계될 수 있기 때문이다.

둘째, ICT(정보 통신 기술Information and Communications Technology)를 통해 학습 효과 높이기

앤드류는 읽기 외에 아이들이 정보에 접근하는 방법, 과제 해결에 요구되는 기술을 활용하는 방법을 가르친다. 도서관 활용

교육은 모든 학급과 약속을 잡아
서 최소 2번 정도 하며, 정보검색
능력 등 추가적으로 필요한 교육
은 협력 수업 가운데 한 부분으
로 계획한다.

협력 수업에서는 주로 학생들
이 프로젝트에 대한 주제 탐색,
브레인스토밍, 자료 수집 및 검
토를 할 수 있도록 지원한다. 그
리고 내용을 구성하는 방법에서
도출한 결과를 프레젠테이션 하
는 방법으로 옮겨 간다. 면밀히
이야기하면 구조화된 4단계[4]와
탐구 모델[5]을 따라가며 학생들이
무엇을 알고 싶은지 명확히 하

주제를 정하고 아이디어를 끌어내며 긴밀
하게 연결하도록 안내하는 게시물(위).
독해력을 끌어올리는 방법을 단계적으로
설명하는 게시물(아래).

고, 알게 된 새로운 지식을 적용하여 또 다른 리서치 프로젝트를
수행할 수 있게 한다. 아이들이 차근히 단계를 밟으며 연구하는
작업을 체득하는 모습이 사뭇 진지하게 느껴졌다. 조이스초등학
교에서는 이런 과정을 통해 궁극적으로 아이들이 정보 리터러
시 – 체계적인 조사관organized investigator, 비판적 사상가critical
thinker, 창조적 사상가creative thinker, 효율적 전달자effective commu-
nicator, 책임 있는 정보 사용자responsible information user – 를 습득

도서관에서 과제를 해결할 때 여러 학생이 동시에 사용할 수 있는 컴퓨터 장비가 갖춰진 곳이다(왼쪽). 벽면에는 참고할 사이트들이 소개되어 있다(오른쪽).

하는 것을 목표로 한다.

우리는 '이민'을 주제로 한 프로젝트 진행 과정을 살펴볼 수 있었다. 우선 아이들은 이민에 대한 짧은 이야기, 《도착*The Arrival*》 – 숀 탠이 지은 그래픽 소설로 글자 없이 그림으로만 되어 있다. – 과 같은 그래픽 소설 등 주제에 관한 다양한 자료를 접하면서 영감을 얻고 독자적으로 이야기를 구상한다. 그러고는 가족을 대상으로 어떻게 해서 캐나다에 오게 되었는지 인터뷰하고, 선생님께서 들려주는 이민 이야기도 들으면서 글쓰기를 발전시킨다. 다음으로 단락과 스토리보드를 계획하고 대화나 내레이션, 사진과 그림도 첨가하는데 이때, 스캔, 이미지 삽입, 파일 전환, 녹음, 배경음악 배치 등 여러 기술을 접목하여 완성한다. 물론 사진 출처 밝히기 등 저작권에 대한 교육도 함께 이루어진다. '사진을 만화처럼 꾸미는 프로그램Comic Life', '음악 녹음, 편집 프로그램GarageBand', '동영상 편집 프로그램iMovie' 등을 사용하여 친구들과 협력하여 완성한다. 이렇게 일련의 과정을 거쳐 완성된 작품을 감상해 보니 아이들 스스로 내용을 조직하고 기술을 효과적으로 활용한 점에 대해서도 감탄했지만, 내용면에서도 다양성에 대한 인정과 존중, 조화로운 만남 등이 주제와 자연스럽게 녹아 있어 인상적이었다. 조이스초등학교는 교육과정 안에서 지역사회에서 야기된 실질적인 문제를 다루며, 다양한 문화적 배경을 가진 아이들을 껴안고 있었다.

그런데 한편으로 아이들에게는 기술 이전에 손으로 조작하는 활동이나 정서적인 측면도 중요할 텐데 이렇게 기술을 강조하는 이유가 무엇인지 궁금했다. 이에 대해 앤드류는 조이스초등학교에서 '기술'이란 각기 다른 측면의 요소를 의미 있게 통합하고, 과제를 효과적으로 해결하기 위해 사용하는 도구, 즉 그 자체가 '목적'이 아닌 '출발점'이란다. 내용에 맞는 이미지나 배경음악을 넣고 관련 사이트를 연결하는 등의 기술은 손으로 쓰고 그림 그리는 것과 차별화되어, 창의적으로 풍부하게 과제를 완성할 수 있게 하는 수단이며 또한, 아이들이 학습에 즐겁게 참여하게 하

'존중'이라는 주제로 학생들이 완성한 동영상 작품. We all need friends.' 라는 글귀와 그림, 다양한 언어로 '존중'이라는 단어를 표현했다.

는 동인도 된다고 했다.

셋째, 교사가 기술을 적절히 활용하여 교육의 질을 높일 수 있도록 돕기

교사 역시 수업 아이디어를 구체적으로 풀어 나갈 때 기술을 효과적으로 사용해야 한다. 조이스초등학교에는 1년차 교사부터 마지막 연차 교사까지 여러 선생님이 있다. 그들은 교육 경험과 기술을 다루는 능력이 제각각이다. 사서교사이자 기술교사인 앤드류는 선생님들이 어느 위치에 있든지 각자 수준에서 한 발 더 나아가 수업에 기술을 창조적으로 활용할 수 있도록 돕는다. 앤드류는 좋은 선생님이 되기 위한 요건 3가지를 벤다이어그램으로 설명해 주었는데, 벤다이어그램에서 각 영역이 공통적으로 만나 함께 어우러질 수 있도록 교수-학습을 지원하는 일을 한다고 했다. 선생님들 대부분은 3가지 중에서 비교적 기술 활용 부분이 미흡한 경우가 많아서 주로 그 부분을 돕는단다.

넷째, 담임교사와 협력 수업하기

앞서 언급한 3가지 역할은 협력 수업이 없다면 제대로 수행할 수 없다. 그래서 앤드류는 에너지 중 90퍼센트는 협력 수업에, 나머지 10퍼센트는 도서관 운영에 쏟는다고 했다. 학급마다 실태, 요구, 상황이 각기 다르므로 협력 수업은 유동적으로 이루어져 한 선생님과 3주 동안 같이 수업하는 경우도 있고, 자료만 찾아서 지원해 주기도 한단다. 우선 새 학년이 시작되기 전 담임교사와 어떤 과목을 어떻게 협력해서 가르칠 것인지 계획을 먼저 세운다. 담임교사가 어떤 과목에서 이러한 부분을 도와 달라고 요청하는 것이다. 평가 부분에서도 관찰 평가로 할 것인지 기말 과제로 측정할 것인지, 또 그 기준은 어떻게 설정할 것인지에 관하여 담임교사와 협의한다.

| 도서관 협력 수업 계획 길잡이 |

도서관과 협력해서 수업할 계획이 있으신가요?

선생님께서 도서관을 이용하실 때 제가 선생님이 담당하는 학급을 어떻게 도와드리면 될지 조금만 시간을 내서서 다음 표에 적어 주세요. 선생님이 맡은 학생들을 위해서 선생님과 저는 아이디어를 공유하고 역동적인 프로그램을 계획할 수 있습니다.

앤드류의 협력 수업은 다음 3가지 형태로 진행되고 있었다.

과목, 영역:
단원:
학습 조직: ___ 대집단 ___ 소집단 ___ 짝 ___ 개별
프로젝트 지속 기간:
프로젝트 시작 일시:
협의하기 가장 좋은 시간:
요구 사항, 기대하는 바:
평가자: ___ 담임교사 ___ 사서교사 ___ 동료 평가 ___ 자기 평가
평가 형태: ___ 진단 평가Diagnostic ___ 형성 평가Formative ___ 종합 평가Summative
평가 도구: ___ 등급Rating scale ___ 루브릭Rubric ___ 체크리스트Checklist ___ 관찰 평가Anecdotal
궁극적 목표, 과제Culminating task:
예상되는 수업 자료: ___Fiction ___Reference ___Internet ___Software ___Non-fiction ___Computers ___Clip Art ___Novel Sets ___Search Engines ___Videos ___Others
활동의 종류: ___Create a Presentation(PowerPoint, Notebook, KidFix, Hyperstudio) ___Design a Brochure, Newsletter, Newspaper ___Design a unit of study in a Subject area ___Research a Topic ___Information Circles ___ICT skills ___Novel Study ___Research Process ___Giving a Book Talk ___Narrative ___Graphic Organizers ___Types of Writing ___Curriculum Design ___Oral Presentations ___Other
그 밖의 요구 사항이나 염려되는 부분:

1. 평행적 교수Parallel Teaching

담임교사가 수업을 진행하고 가르치므로 협력은 부수적이며, 사서교사는 학습 주제와 관련된 정보 찾기, 자료 읽기, 기술 활용에 관여한다. 예를 들어 '동물 서식지'에 대한 수업이라면 학생들이 어떻게 온라인 백과사전을 통해 정보를 얻을지, 알고 있는 것을 도표로 나타내기 위해 'KidPix'라는 소프트웨어를 어떻게 사용해야 할지 가르쳐 준다. 그리고 담임교사가 수업에 필요한 책을 찾을 수 있도록 돕는다. 수업 계획이나 평가는 담임교사, 사서교사가 따로 한다.

2. 부분적 협력 수업 Partial Collaboration

주로 일정을 맞추기 힘들 때 진행하는 방식으로, 계획은 함께 하되 실행과 평가는 각자 한다. 사서교사는 도서관에서 할 수 있는 활동과 교실 수업을 보완할 수 있는 활동을 담당한다. 아이들이 '식물'에 관한 연구 과제를 하는 경우, 담임교사와 사서교사는 연구 과정에서 각자 해당 영역을 나누어 맡고 진행 과정을 서로 확인한다. 예를 들어 담임교사가 교실에서 식물에 관한 이야기를 들려주고 아이들이 찾은 정보 중 유용한 것을 정리하여 포스터를 구상하도록 하면, 사서교사는 아이들이 도서관에서 식물에 관련된 온갖 책들을 찾고 구상한 포스터를 프린트할 수 있도록 도와준다.

3. 전체 협력 수업 Full Collaboration

협력이 치밀하게 계획되고 통합된 형태로 이루어지는 수업이다. 교실과 도서관에서 하는 활동과 수업 및 평가까지, 모든 단계를 담임교사와 사서교사가 함께 설계하고 실행한다.

앤드류는 오늘도 빡빡한 일정 속에서 함께 수업을 계획하고 단계별로 진행하기 위해 선생님들과 머리를 맞댈 것이다. 그런데 세상에, 이럴 수가! 알고 보니 앤드류가 담임을 맡은 학급도 있었다. 마음 한구석 찡한 파문이 일었다. 전체 320여 명의 학생, 16개 학급의 작은 학교라서 종일 사서교사를 둘 수 없는 형편이기 때문이다. 오전에는 다른 선생님들처럼 담임 학급 수업을 하고, 오후에는 협력 수업에 주력하는 것이다. 사서교사와 담임교사가 긴밀하게 협력할 수 있는 이유가 학급 수가 적기 때문이 아닌가 생각했는데 아니었다. 그는 학교 규모가 커지면 전일제로 사서교사를 둘 것이라고 했다.

초등학교임에도 불구하고 수업에서 협력이 체계적으로 이루어지고 있다는 점이 신선한 충격이었다. 대개 초등학교 도서관은 수업에 직접 관여하기보다는 책과 친해지고 적합한 책을 고를 수 있게 하는 등 독서 활동에 중점을 두기 때문이다. 전 학년에 걸쳐 도서관과 협력을 시도하려면 시간과 역할을 조정하고 계획 세우기가 만만치 않을 텐데 실제로 구슬을 꿰어 내었다는 자체가 놀라웠다. 실력이 갖춰져 있고 자율권이 있는 교사는 수업을 통해 자기 역량을 맘껏 발휘하며 즐길 수 있다. 앤드류가 준비한 프레젠테이션에는 협력 수업에 대한 그의 자부심과 보람이 고스란히 담겨 있었다.

앤드류는, 이런 협력 구조는 교장 선생님 덕분에 가능하다고 했다. 관리자의 교육철학과 실질적인 지원에 따라 사서교사의 역할은 크게 달라질 수 있다는 것이다. 아닌 게 아니라 도서관에만 갇혀 오로지 책 관리만 해야 하는 사서교사도 있다. 학부모 교육에 관해서도 그랬다. 조이스초등학교에서는 거의 모든 선생님이 6~8주 동안 근무시간 이후에도 학부모 교육을 위해 선뜻 봉사하고 있었는데, 이러한 자세는 교장 선생님이 솔선수범한 덕분이란다. 여기에 동참하는 이는 교사뿐만이 아니었다. 경험과 노하우를 살려 크고 작은 업무를 함께 해결하는 퇴임한 교장 선생님, 아이들의 생활 및 학습지도에 일조하는 지역사회 자원봉사자들, 이를테면 간호사, 은행원 등 다양한 직업을 가진 봉사자들은 일대일 멘토링을 통해 왕따를 당하거나 원만한 학교생활을 하지 못하는 아이와 연결되어 매주 만난다.

교육 환경을 구축하는 일도 놓칠 수 없다. 스마트 스크린, 사운

학습 자료와 아이들의 활동물로 가득 찬 교실에서 일대일 지도를 하고 있다.

드 시스템을 모든 교실에 설치하여 기술적인 요소를 교수-학습에 접목시킨다. 특히 사운드 시스템은 영어를 학습할 때 각 발음을 명확하게 표현하고 인지하는 데 굉장히 효과적이다. 아이들은 청각 정보를 받아들이고 처리하는 과정이 느리고 서툴러서 곧잘 과부하가 걸린다고 한다. 이러한 아이들은 사운드 시스템 덕분에 학습 상황에서 늘 부딪히는 스트레스를 줄일 수 있고, 교

2007-2008년 동안 새로운 우수 교사로 앤드류(사서교사)가 뽑혔다는 상장. 아랫부분에 온타리오 교육청의 교육목표 'reach every student(모든 아이를 지원한다)'가 있다.

실 어디에 있든지 모두 교사가 하는 말을 정확히 들을 수 있다. 책을 읽어 줄 때도 장면에 따라 속삭여야 하는 부분이 실감나게 전달된다. 사소해 보이지만 학업 성취나 교실 행동 전반에 걸쳐 미치는 영향이 크다. 아이들은 발표할 때 자신감도 생기고 활동에 집중하며 적극적으로 참여할 수 있다. 또한 교사들도 성량을 조절하는 데 도움이 되고 목의 피로감도 덜하다.

　교장 선생님은 '학교를 터전으로 생활하는 아이들에게 어떤 도움을 줄 수 있을 것인가?'라는 고민을 풀어내는 결정적인 열쇠는 역시 교사들에게 있다고 판단하지 않으셨을까? 그래서 아이들과 매일 만나는 교사들을 움직이게 하고 그들의 의지를 북돋아 주어

'REJOYCE' 프로젝트를 위한 게시판('존경, 뛰어남, 기쁨을 주는, 두드러진, 젊은 마음의, 보살피는' 핵심 가치가 소개되어 있다).

야 한다고 절실히 느끼지 않으셨을까?

교직에 대한 일천한 경험 속에서도 나는 어렴풋이나마 감지할 수 있었다. 교사로서 자존감을 지키며 살아간다는 것이 쉽지는 않겠다는 것을……. 성찰해 볼 여유 없이 어디론가 향하는 시간들, 설령 알아차리더라도 잘못된 방식을 답습하고 있다는 괴로움과 이러다 딱히 바꾸고자 하는 열망도, 바꿀 용기도 다 사그라져 초라해지지는 않을까 하는 두려운 순간들이 있다.

조이스에서 느꼈던 벅찬 감동은 함께 기적을 만들며 번져 나가는 공동체 힘에 있었다. 어쩌면 혼자, 혹은 몇몇이 가진 능력과 열정만으로는 감당하기 버거운 부분을, 언젠가 풀이 꺾여 쓰러지게 되는 한계를 뛰어넘기 위해 학교 문화적 차원에서 바꾸고 있었다. 교장 선생님은 불쏘시개에 불을 붙이듯 교사 개개인을 결속시켰으며, 그들이 자발적인 에너지를 끌어내 희망을 꿈꾸고 방향을 잃지 않게 붙잡아 주었다. 교장 선생님이 지속적으로 대학 및 연구 기관과 연계하여 교사들이 연구하는 풍토를 만든 점, 정부 및 주에서 주관하는 프로젝트를 맡아서 재정 지원과 연구 기금을 확보한 점 등은 서로 소통하며 배우게 하는 토대가 되었다고 생각한다. 자꾸 새로운 것을 시도할 수 있는 두둑한 밑천이랄까. 자연스레 아이들의 변화와 교사의 성장은 더불어 이루어질 테다.

이렇듯 교장 선생님이 애쓰는 학교교육 이면에는 단순 명쾌한 바람이 있다. 조이스초등학교에 다니는 아이들이 세상에서 가장 좋은 선생님을 만나고, 가장 좋은 교육을 경험했으면 하는 마음!

소개합니다

학교 위치_ 26 Joyce Pky, North York, ON M6B 2S9
연락처_ (416)395-2600
모바일_ Joyce@tdsb.on.ca
홈페이지_ http://schools.tdsb.on.ca/joyce

약 68퍼센트의 학생이 다양한 문화 배경을 가지고 있다. 학교의 목표는 학생과 학부모에게 21세기 최고의 교육 경험을 제공하는 것이며 이를 위해 효과적인 교수 방법을 연구하고 과학 기술을 수업에 활용한다. 주요 대학(York Univ., Univ. of Toronto and Queen's)과 공동으로 연구할 뿐만 아니라 비즈니스 파트너십을 통해 'Smart Technologies'와 같은 산업체와도 협력한다. 리터러시 향상에 중점을 두며 모든 학생이 학습할 수 있도록 지원하기 위해 노력한다.

선생님과 아이들이 함께 읽어요!

전선미 • 평택 세교초 교사

수업 시간에 책 읽어 주기

수업 시간은 선생님과 더불어 반 친구들이 서로 소통하며 배우는 소중한 시간이다. 하지만 적어도 20년 이상 나는 나이 차이를 극복해야 하는 선생님과 아이들 간의 소통은 무척이나 어려운 일이다. 그래서 나는 소통의 도구로 책을 선택했다. 평택 동삭초에 근무할 당시 교과 시간에 짬짬이 틈나는 대로 아이들에게 그림책이나 동화책 위주로 선보였다. 매일 한 번씩 수업 시간 중에 10~15분 동안 책을 읽어 주었다. 맛깔스러운 솜씨는 아니더라도 동화 구연하듯 열심히 책을 읽어 주었더니 아이들이 이야기에 푹 빠져 즐거워했다. 아이들은 나의 수고로움에 대한 답례로 이야기를 듣고 소감문을 써 주었다.

저번에 선생님이 《박박 바가지》라는 책을 읽어 주셨는데, 난 거기서 '소금 삽쇼~'가 재미있었다. 지금도 불난 집에 가서 덩실덩실 춤을 추고, 결혼식장에 가서는 절하면서 울었던 그 총각이 생각난다. 모든 내용이 재미있었다. 선생님이 읽어 주신 것과 우리가 읽는 것은 다른 것 같다. 그 이유는 선생님이 실감 나게 읽어 주셨기 때문인 것 같다. 그 책을 한 번 더 읽고 싶다. 도서관에서 찾아서 꼭 읽어야지. 우리가 1년 동안 이렇게 읽고 듣는 게 많이많이 쌓이다니 좋다.

_평택 동삭초 박수빈

오늘 선생님께서 《멋진 여우 씨》 책의 마지막 부분을 읽어 주셨다. 여우 씨가 빈, 번스, 보기스에게서 음식을 가져오자, 그 셋이 화가 나서 여우 씨를 잡으려고 하나 똑똑한 여우 씨를 당해 내지 못한다는 내용이다. 선생님은 읽어 주고, 또 읽어 주고를 반복하셨는데 다시 들을 때마다 나는 설레었다. 다음에는 선생님이 무슨 책을 읽어 주실까? 재미있는 책을 읽어 주시면 좋겠다.

_평택 동삭초 김지성

선생님이 《바나나가 뭐예유?》라는 책을 읽어 주셨다. 이 책은 시골 사람들의 이야기라서 더욱 재미있었다. 그 이유는 지오 마을 사람들이 바나나를 전혀 모르기 때문이다. 그리고 바나나 박스에 함께 들어 있던 방부제를 놓으면 바나나가 익는다는 등의 엉뚱한 이야기가 무척 재미있었다. 엉뚱하면서도 스토리가 있는 것이 내 맘에 쏙 드는 이야기이다. 내가 보기에 선생님이 읽어 주실 다음 이야기를 아이들은 기다리는 것 같다. 친구들이 많이 웃는 것을 보니 말이다.

_평택 동삭초 최현진

학교도서관에서 책 읽어 주기

학교도서관에 들어설 때마다 편안하게 책에 집중하며 읽는 아이가 여럿 보이지만, 가까이 가 보고선 이내 실망하게 된다. 아이들 대다수가 학습 만화책을 읽고 있었기 때문이다. 이는 뭔가 문제가 있다. 이런 아이들에게 만화 형식이 아니더라도 재미있는 책이 있고, 읽고 싶어지는 책이 있다는 것을 알려 주고 싶었다. 그래서 새 학년이 시작되자마자 도서관에서 전 학년을 대상으로 모든 희망자에게 3월 16일부터 겨울방학 전까지 '동삭글향기도서관'에서 '일주일에 한 번 책 읽어 주기'를 시작했다. 매주 수요일마다 도서관 이야기 방(온돌방)에서 그림책 2~3권을 30~40분 동안 읽어 주는 것이다. 그랬더니 다섯 가지 기대 효과가 나타났다.

① 와! 그림책이 재미있네. 나도 읽고 싶다.

아이들에게 여러 가지 방법으로 소개하려고 노력했다. 책 표지에 있는 재미난 그림을 소재로 설명하기도 하고, 한 작가가 쓴 여러 작품을 비교해서 보여 주기도 하고, 더불어 내가 요즘 읽고 있는 책들도 아이들에게 이야기해 주었다. 아이들은 책에 숨겨진 보석 같은 이야기들을 들으면서 책에 대한 흥미를 조금씩 알아 갔다. 그래서인지 선생님이 언급한 책들을 무척 읽고 싶어 했고 친구보다 먼저 찾아 읽기라도 하면 의기양양해져 자랑스러워하기까지 했다. 그래서 내가 읽어 준 책이 반 아이들 대출 순위 1위가 될 정도로 인기가 높아졌다.

② 아이들로 하여금 항상 손에 책을 쥐도록 격려한다.

아이들에게 선생님이 읽어 주는 것과 맞물려 스스로 책을 읽어 보도록 격려했다. 처음 3월에는 글 수가 적은 그림책으로 시작하여 점차 줄글이 많아지는 책을 읽을 수 있도록 도왔다. 책을 읽는 아이를 보게 되면 관심을 가져 주고 칭찬해 주는 것은 당연한 일이다. 혹 책을 잘 읽지 않는 아이라 할지라도 이렇게 선생님이 관심을 한 번 가져 주면 책 읽는 모습을 선생님에게 보이려 노력하게 되기 때문이다. 우리 반은 책 읽기가 학급 필수 과제임을 아이들과 약속했기 때문에 아이들은 도서관에 들르는 것이 일상적인 자연스러운 일이 되었다.

③ 읽고 싶은 책은 내 맘대로 고른다.

처음엔 선생님이 소개한 책이나 읽어 준 책을 찾아보도록 권유했지만, 아이들이 책 읽기가 어느 정도 익숙해진 다음에는 도서관에 있는 책이면 어떤 것이든 마음대로 골라 읽어 보자고 이야기했다. 만화책만 아니라면 《시간상자》나 《구름공항》 같은 글자가 전혀 없는 그림책이라도 좋다. 단, 자신이 읽은 책에 대해 친구들에게 전하고 싶은 말을 생각해 보도록 권유했다.

④ 읽기만으로는 부족한 것 채우기

읽는 활동만으로도 물론 의미가 있지만 그것만으로는 생각을 키우는 데 부족함이 있다. 그래서 읽은 책을 친구들에게 이야기하는 시간을 가졌다. 아이들 대부분은 처음에 읽은 책 제목 정도만을 말하고, 다음엔 무엇을 말해야 할지 잘 몰라 망설였다. 그래서 아이들에게 이야기하는 방법(이것은 여희숙 선생님이 쓴 《책 읽는 교실》에서 배운 것을 응용한 것이다)을 몇 가지 제시해 주었다.

· 이야기의 주인공은 어떤 사람인지 말하기
· 주인공이 어떤 상황에 놓여 있는지 말하기
· 주인공이 한 행동에는 무엇이 있는지 말하기
· 왜 그런 행동을 했는지 말하기
· 주인공의 행동을 방해하는 요소는 무엇이었는지 말하기

· 결과는 어떻게 되었는지 말하기

· 읽고 나서 자신은 어떤 생각을 하게 되었는지 말하기

⑤ 책으로 하나되는 교사와 아이들

아이들과 선생님은 공감할 수 있는 부분이 많으면 많을수록 서로에 대한 믿음과 사랑이 보태진다. 모두가 선생님이 읽어 주는 같은 책을 듣게 되고, 아이들은 각자 읽은 책에 대한 이야기를 서로 들려주며 소통하는 것으로 서로를 신뢰하고 존중하는 데에도 도움을 주었다. 학급 내에서 일어나는 사소하지만 많은 갈등이나 친구 관계에 대한 해답도 같이 읽은 책에서 찾아낼 수 있어 좋았다. 선생님이 하는 작은 실천이 모두를 하나로 묶어 주는 계기가 된 것이다.

선생님이 읽어 주시면 이야기가 생생해요. 그래서 제가 읽은 책이든, 아니든 언제나 새로운 이야기 같아서 좋아요.

_평택 동삭초 김나연

학교 행사 등으로 중간에 생략하는 날에는 이이들이 너무ㅏ 아쉬워해요. 아이들이 읽어 주기를 통해 책에 대해서 좀 더 친근하게 느낀다고 할까요? 그림책이나 만화책이 아닌 아이들이 평상시 접하지 않는 다른 장르 책들도 골고루 접하게 되기도 하고, 선생님의 질문을 통해 다른 시각으로도 바라볼 수 있다는 것을 함께 배워 가는 것 같습니다.

_평택 동삭초 교사 전은정

환경 프로젝트를 실행하다

박샘 • 서울 정릉초 교사

내가 근무하고 있는 학교는 2011년에 환경 연구학교로 지정되어 자연스럽게 환경과 관련되는 수업을 구안할 기회가 생겼다. 우리 학교는 '도서관 협력 수업'에 대해 친숙하지 않다. 그래서 사서교사와 수업에 대한 충분한 합의나 공감대가 형성되지 않은 상태에서 이상적인 협력을 고집하기에는 다소 무리가 있다고 판단했다. 그러나 적어도 학교도서관을 활용하여 도서관에 보관되어 있는 책을 교실 안으로 끌어오고 싶었다. 그래서 환경과 관련되는 책을 찾을 때는 사서교사의 도움을 받았고, 담임교사인 나는 자료 찾기, 정보 읽기 등 수업 전반을 맡았다. 처음 시도해 본 것이라 엉성한 부분이 많았지만, 이를 발판 삼아 차차 보완해 나가려 한다.

이 프로젝트는 환경에 대한 민감성과 환경 보전 의식 기르기를 목적으로 국어, ICT, 미술, 도덕 등 관련된 과목을 통합하여 수업을 진행했다. 그 결과 여러 가지 환경문제에 대한 시각과 일상생활에서 꾸준히 환경을 보호하고자 하는 마음을 키울 수 있었다. 프로젝트 수업은 8차시로 구성했다.

1~2차시 : 환경 도서를 읽고 환경문제 찾기

3~4차시 : 광고(방송 공익광고, 인쇄 공익광고) 또는 동영상에서 환경문제 찾기
 - 광고에서 본 메시지 중에서 내 마음을 울리는 것을 한 가지 골라서 써 봅시다.
 - 내 마음을 울린 이유가 무엇인가요?
 - 광고의 빈칸에 어떤 메시지가 들어가면 좋을까요?

5~6차시 : 환경문제에 대한 인식을 점검하고 생각 표현하기
 - 나만의 에코 메시지(빈 우유갑으로 딱지를 접어 밑면에 에코 메시지 만들기)
 - 인쇄 광고 만들기

- 책 만들기 : 환경 도서 속 등장인물에게 편지 쓰기

7차시 : 좀 더 알아보기. 지구온난화
- 자료에서 찾은 환경문제 중에서 가장 관심이 있는 문제를 골라 좀 더 알아보기
- 지구온난화에 대한 노래(환경 교육 포털 사이트)를 부르며 가사의 내용 음미하기
- 환경 도서《쉿! 북극곰도 모르는 이상기후의 비밀》에서 발췌한 읽을거리를 읽고
  생각하기(아이들이 책에서 정보를 얻을 때 스스로 물음을 던져 보고 그것이 후속 질문으
  로 발전하여 꼬리에 꼬리를 무는 탐험을 즐기기를 바라는 마음에서 이 활동을 했다.)

8차시 : 지구온난화가 불러올 결과를 살펴보고 나의 실천 다짐하기
- 영상 〈지구를 위협하는 6°C의 비밀〉 보기(내셔널지오그래픽 채널)
  과학자들이 방대하게 조사한 지리, 기후, 생물학적 자료를 최신 컴퓨터 모델에
  입력하여 예측해 본 미래 모습. 최첨단 그래픽을 통해 지구의 온도가 상승할수
  록 어떠한 재앙의 광경이 펼쳐질지 조명하고 있다.
- 지구온난화 해결 방안 찾기 : 1~7차시 동안 학습했던 자료 활용하기
- '북극 친구들아, 우리가 도와줄게' 다짐하기 : 포스트잇에 나의 실천을 쓰며 다
  짐하고 칠판에 붙여서 서로의 생각을 나누기

실세적인 협력 수입이 아니어서 수업을 진행할 때 '만약 사서교사와 협력 수업을
했다면 사서교사와 역할 분담은 어떻게 했을까?' 라는 상상을 했다. 그래도 초등
과정에서는 비교적 쉽게 교과를 통합할 수 있어서 다행이었다.
단순히 교과서에 국한되지 않고 학습자가 다양한 자료로 탐구하는 수업이 전 학년
에 걸쳐 체계를 갖춘다면 얼마나 좋을까. 지속적이고 촘촘하게 짜일수록 학습 습
관, 사고력 등에 긍정적으로 작용할 텐데 말이다. 이를 위해서는 무엇보다 우리가
함께 독서 교육과 협력 수업에 대한 밑그림을 그리고 꿈을 디자인해야 한다.

ere's the
Bamboo?
By: Allen Qin
Emilia Leszkowics
Yoully Kang
Zzzzzz
the
Ba
Illustrat

중학교 도서관 이야기

루이스콜중학교 도서관
그레이트넥사우스중학교 도서관
프로스트중학교 도서관

도서관에서 교과 교사와 사서교사의 협력 수업을 통해
체계적으로 지식과 정보를 검색하고 활용하며 창조적으로 구성해 내는
정보 활용 교육을 제대로 받고 성장하는 미국 학생들.
반면에 입시 교육이라는 틀 안에서 교과서 위주로 진행되는
암기식 교육을 벗어나지 못하고 있는 대한민국 학생들.
북미 중학교 도서관 이야기에서 그 격차를 가늠해 보고 해결점을 모색한다.

미국 동부 뉴저지 주 포트 리의 한적한 곳에 자리 잡은 루이스콜중학교 전경.

LEWIS F. COLE
MIDDLE SCHOOL

어렸을 때부터 도서관에서 책을 만지고 읽는 체험을 통해 자연스럽게 책과 친근감을 갖도록 도와준다는 드와이트초등학교, 공간적으로 도서관이 중심에 있어 문만 열면 언제든 책과 만날 수 있는 조이스초등학교. 특히, 조이스 초등학교에서는 아이들의 주도적 학습을 위해 모든 교과 교사와 협조하여 통합 교육과정으로 도서관 협력 수업을 이끌어 나가는 사서교사의 열정이 인상적이었다. 두 곳 모두 도서관은 아이들 삶에서 가치 있는 한 부분으로 살아 숨 쉬는 공간이었다. 또, 컴퓨터 활용 및 정보 활용 교육도 어린 나이부터 체계적이면서 단계적으로 이루어지고 있었다. 두 초등학교 도서관을 통해 아이들은 어떻게 책과 만나는지, 어린 시절부터 독서 교육의 중요함을 도서관을 통해 충실히 실현해 내고 있다는 미국의 도서관은 학교 수업 및 교육과정을 어떻게 지원하는지 조금은 맛볼 수 있었다. 이제 중학교 도서관이다.

루이스콜중학교로 향하는 버스 안에서 긴장된 마음으로 분주하게 인터뷰할 질문지들을 정리하며 챙기고 있었다. 잠깐 고개를 들었을 때 곳곳에 녹지 않은 눈더미가 쌓여 있는 적색의 단층 건물이 시야에 들어왔다. 여느 학교와 마찬가지로 학교 주변에 특별한 놀이 시설 하나 보이지 않는 한적한 곳에 단아하게 자리 잡은 루이스콜중학교는 미국 동부 뉴저지 주 포트 리에 속해 있다. 포트 리는 미국 동부 뉴저지 주 21개 카운티 중에서도 좋은 학교가 많아 우수한 교육 환경을 자랑한다는 베르겐 카운티에 속하고 있어 수준 및 평가에 대한 점수가 높은 편이다. 사전에 학교 홈페이지를 방문했을 때도 도서관의 북클럽 활동 및 꾸준한 독서 행사와 이벤트들이 활발하게 이루어지고 있는 것을 보았던 터라 활기차고 생기 넘치는 도서관을 꿈꾸며 한껏 부푼 기대감을 안고 루이스콜중학교에 들어섰다.

감성과 소통이란 키워드로 움직이는 도서관

루이스콜중학교 로즈메리 자코멜리 교장 선생님은 감수성에 바탕을 둔 전인교육을 학교 경영 철학으로 삼고 있다. 그녀는 교사 초기에 생각하던 철학과는 조금씩 달라졌지만, 오랫동안 학교에 있으면서 아이들에게 가장 필요하며 의미 있게 돌봐 주어야 하는 것이 감수성임을 알았단다. 청소년기는 흔히들 질풍노도 시기라고 한다. 감정 기복이 큰 폭으로 요동치는 이때에 민감하고 섬세한 감성으로 다양한 감정들을 느끼며 그 안에서 진정한 자아를 고민해 나가는 시기이기 때문일 것이다.

교장 선생님은 인간은 누구나 배울 수 있는 능력을 가지고 태어나며, 반드시 배워야 한다고 했다. 특히 중학교 때는 자신을 깨고 조금씩 더 넓은 세상으로 나가는 시기이므로 대인 관계에서

도서관은 교수－학습의 중심 센터 역할을 하며, 학생들은 이곳에서
책을 통해 사람과 삶을 만난다.

소통하고 이해하는 능력이 그 어느 때보다 중요하게 요구되는데,
정서가 안정되면 자연스레 학업 능력도 덩달아 오른다고 보았다.
실제 아이큐(IQ : 지능지수)보다 이큐(EQ : 감성지수)가 더 중요한 시
대가 아닌가. 아이들의 부정적인 행동 반응을 교정해 주는 〈우리
아이가 달라졌어요〉(SBS)라는 방송 프로그램이 있다. 코칭에 따
라 아이들이 놀라운 행동 변화를 보이는 것을 보면서 '아이들이

정말 저렇게 변할 수 있나?' 라는 의구심을 가지기도 했지만, 아이들은 자기 마음을 이해하고 공감하며 지지해 주는 부모의 사랑을 느낄 수 있었기 때문에 변할 수 있었을 것이다. 행동을 바꾸려고 한다면 단연 그 마음부터 움직여야 할 것이다. 이곳 루이스콜 중학교에서는 그러한 역할을 도서관과 책이 중심이 되어 아이들의 감성을 고려한 교육을 위해 쉼 없이 움직이고 있었다.

일례로 도서관에 있는 장서는 아이들 눈높이를 맞추면서도, 다양한 주제와 종류별로 책들을 선정한다. 이성에 호기심이 많으면서도 수줍은 탓에 잘 표현하지 못하는 소녀들을 위해서는 《소년학*Boyology*》을, 한창 왕성한 혈기로 모험심과 엉뚱한 상상력으로 가득 차 있을 소년들을 위해서는 《원탁의 기사*Knights of The Round*

도서관 활용 수업에 필요한 평가 요소, 데이터베이스 관련 자료, 워크 시트 등의 자료들이 꽂혀 있다(왼쪽). 다양한 호기심을 채워 줄 수 있는 잡지, 신문 들이 준비되어 있다(오른쪽).

Table》와 같은 모험소설을 구비해 놓았다. 소설 외에도 논픽션을 통해, 예컨대 총기 사고를 극복해 나가는 한 가족 이야기에서 가족들이 어떻게 반응하고 대처해 나가는지, 어려운 시간들을 어떻게 극복해 나가는지를 통해 직접 자신이 겪어 보지 못한 상황에 대해서도 책을 통해 공감하고 이해할 수 있게 만들어 주는 것이다. 이렇듯 호기심을 자극하며, 좀 더 넓은 세계로 안내할 수 있는 책들을 구비하여 아이들이 책을 통해 정서적 공감력과 이해력을 높일 수 있도록 하고 있다.

특히 이곳은 전체의 50퍼센트를 차지하는 한국 학생들 외에도 무려 96가지의 언어가 존재할 만큼 다양한 민족이 있다 보니, 다인종, 다문화, 다언어에서 비롯되는 다양한 문화에 대한 이해는 필수이다. 교장 선생님은 학교는 학생들이 미국 시민에 동화되는 과정이 아닌 자기 색깔을 유지하며 자신의 정체성을 찾아 나가는 곳이라 했다. 덧붙여 아이들이 고국 문화와 각자 개성을 버리지 않고 유지하며 성장할 수 있도록 돕는 것이 학교의 목표이자 역할이란다.

여러 나라의 문화가 담긴 전시장. 학교는 다양한 문화를 존중하면서 아이들이 자신의 정체성을 찾아가도록 돕는다.

루이스콜중학교에서는 자신의 모습을 있는 그대로 받아들이고 성장하며 상대방을 이해할 수 있는 능력을 청소년기에서 무엇보다 중요하게 여기고 있었다. 이런 능력은 대인 관계에서 무엇보다 중요하므로 아이들이 좀 더 다양한 주제와 좋은 내용을 통해 자연스럽게 배우고 느낄 수 있도록 좋은 책을 선택하는 데 중점을 두고 있었다. 현재 도서관에

다양한 주제가 있는 좋은 책을 통해 아이들은 정신적인 안정, 공감력, 상대에 대한 이해심과 배려심을 배운다.

소장된 1만여 권에 달하는 픽션과 논픽션 책들은 이런 맥락에서 다양한 문화적 배경으로부터 십 대들이 가진 다양한 호기심을 지원해 주기 위해 특별히 선정된 것들이라고 한다.

책과 소통하는 길을 열어 주는 사서교사

특별히 교장 선생님이 미디어 전문가라고 소개해 준 사서교사 션 역시 청소년 시기에 독서가 가지는 중요성을 강조했다. 그리고 자신은 아이들이 독서에 대한 사랑을 계속 발전시켜 나갈 수 있도록 돕는 역할을 맡고 있단다. 그는, 청소년기는 자신을 둘러싸고 있는 세계에 대한 수많은 질문을 가지고 있고, 청소년기에

겪을 수 있는 많은 어려움에 직면하게 될 수도 있는데 이런 것들을 해결하기 위한 가장 좋은 방법은 다양한 책들을 접하는 것이라 믿기 때문이란다. 그래서인지 션은 학교 블로그에서는 북클럽 등의 토론 활동으로, 그 외에도 개인 블로그에서 책을 매개로 학생들과 왕성하게 소통하고 있었다.

특히, 중학생 시기가 갖는 특성을 고려하여 대인 관계의 중요성 및 문제 해결을 위한 소통을 중요하게 생각한다는데, 그래서 아이들에게 익숙한 소통 방식인 블로그를 활용하는 건가 보다. 당시 학교 블로그 첫 화면은 소설 《모비딕 *Moby Dick*》 중에서 '나를 이스마엘이라고 불러 줘.*call me Ishmael.*' 문구에 대해 어떻게 생각하는지가 주제였다. 이 문구가 소설에서 왜 중요한지, 어떤 의미인지를 아이들은 짧은 댓글로 부담 없이 생각을 남겼고, 션은 학생들이 쏟아 내는 생각에 댓글을 달아 주었다. 주제에 관련된 댓글을 단 학생에게는 웃는 얼굴을 한 동그란 모양을, 창의적이고 참신한 내용을 쓴 학생에게는 넘버원 표시를 한 손 모양을, 감성적인 답을 한 학생에게는 하트 모양을, 주제와는 거리가 먼 댓글을 단 학생에게는 엄지손가락이 아래로 내려간 모양을 한 아이콘으로 재미있게 반응해 주었다.

아이들은 짧고 간결하게 올린 댓글이지만 친구들과 교사의 반응에 민감하게 반응했다. 서로에 대한 반응들 덕분에 홈페이지에는 많은 댓글로 장사진을 이루고 있어 아이들이 활발하게 참여하고 있음을 알 수 있었다. 뿐만 아니라 학생들이 토론 전에 내용을 이해할 수 있도록 도움을 주는 동영상이나 기타 자료들도 올려져 있었다.

학교 블로그를 통한 북클럽 활동에서는, 우리가 방문한 날이 마침 독서 모임을 하는 날이라고 했다. 책 제목은 《헝거 게임*The Hunger Games*》으로, 희망하는 모든 학생이 참여 가능하지만, 대개는 20명 정도로 진행된다고 했다. 여기서 션은 토론 분위기를 조성하고 활동이 잘 진행되는지 지켜보며 판단하는 역할을 한다. 그리고 션이 토론 후 다른 책으로 넘어가기 전에 아이들에게 무슨 책을 읽고 있는지 묻는 글을 올리면 아이들은 자신이 읽고 있는 책에 대해 간단한 내용들을 다는 것으로써 온오프라인을 통해 끊임없이 소통하고 있었다.

아이들은 이런 블로그와 북클럽 활동 등으로 자연스럽게 다른 사람들을 만나며 소통하는 일에 익숙해지고 책과 도서관에 더욱 친숙해지는 것이다. 또한, 션은 생활 속에서 언제든지 책을 찾고 도서관을 이용할 수 있도록 대출 권수에도 제한을 두지 않는다고 했다. 다만 다른 학생들도 함께 사용해야 하는 것이므로 30일 이후에는 반납해야 한다는 것과 도서관에 있는 모든 책은 조심스럽고 소중하게 다루어야 함을 강조할 뿐, 루이스콜중학교에서는 아이들이 독서에 대해 열성적이고 적극적인 자세를 갖도록 격려하고 자극하는 것 외에 더 중요하게 여기는 것은 없었다.

다른 무엇보다 청소년기에는 아이들 정서가 중요하다고 명쾌하게 말하는 교장 선생님과 청소년기 독서가 갖는 중요성을 잘 알고 흥미를 갖도록 도와주려는 사서교사 션의 모습에서 복도에서 마주쳤던 생기 넘치고 발랄하던 아이들 모습이 떠올랐다. 다양한 문화적 배경을 가지고 모인 아이들이 어린 나이에 말도 익숙하지 않은 곳에서 자신감 있는 모습으로 잘 적응할 수 있는 것은 이러한 교장 선생님의 철학이 교육 활동 전반 및 도서관 운영 곳곳에 스며들어 있기 때문일 것이다. 아이들은 정서와 다양한 문화적 배경을 담고 있는 책과 도서관을 접하며 정체성을 찾아가고 자기 문화에 대한 자긍심을 잃지 않는 굳건한 한 인간으로서 성장할 수 있는 토대를 다지는 중일 터이다.

평생 학습자를 키우는 정보 리터러시 활용 교육

읽는다는 것은 참으로 큰 힘을 가지고 있다. 예컨대 2000년 전에도 당시 유명한 석학과 지식인들이 찾던 학문과 문명이 한데로 모인 곳이 도서관이었다. 최초 인류 도서관인 '알렉산드리아도서관'은 사라지기까지 600년 동안 책을 통해 지식을 공유하고 소통하는 문화 전파의 중심지로서 훌륭한 역할을 했다. 또 글을 읽지 못하는 백성을 위해 한글을 만들어 조선을 한 단계 더 수준 높은 문화 국가로 완성한 세종은 어떠하랴. 훈민정음 창제 정신에서도 알 수 있듯이 읽는다는 것은 소통하는 것이며, 나 이외의 세계와 소통함으로써 주체적인 존재가 된다는 것을 의미한다. 읽기는 나를 벗어나 더 큰 세계를 만나는 가장 핵심적이고도 본질적인 수

도서관 내 사서교사 사무실.

단이다. 더구나 오늘날같이 넘쳐 나는 정보들 속에서 무엇이 진실인지를 가려낼 수 있는 능력을 가진 사람은 험난한 세상에서 자신이 세운 신념과 철학에 맞는 삶을 지켜 나갈 수 있다. 그러한 정보를 읽어 내고 활용하는 방법과 안목을 기르고 훈련하는 활동을 미국에서는 학교도서관을 통해 어렸을 때부터 체계적으로 지도하고 있었다.

'Library Media Center' 라고 부르는 미국 학교도서관의 핵심은 정보 활용 능력 교육information literacy education이며, 정보 내용을 파악하는 능력에는 글을 읽고 이해할 줄 아는 능력, 즉 문해력이 밑바탕이 된다. '리터러시'는 읽고 쓸 줄 아는 능력으로, '정보 리터러시'는 '정보를 어떻게 해석하고 이용하여 쓸 줄 아는가'를 향상시키는 데 그 목표가 있다. 사서교사 션은 이전에 13년 동안 영어를 가르치던 교사였단다. 그런데 지금 미디어 전문가로서 학생들에게 21세기 정보 활용 능력을 가르치게 된 것을 정말로 기쁘게 생각하고 있었다. 무엇보다 그녀는 도서관이 아이들이 살면서 겪게 될 문제를 풀어 나가는 데 도움을 줄 수 있는 공간이라 생각하기 때문이었다. 따라서 미디어 전문가로서 가지게 된 목표 중 하나는 아이들이 살아가는 도중에 부딪칠 수 있는 다양한 문제들에 대한 답을 찾을 때 필요한 정보 리터러시 기술을 배울 수 있도록 도와주는 것이란다. 실로 도서관에서는 여러 교과과정을 통합하여 책과 다양한 정보를 활용해 아이들의 정보 활용 능력이 향상되도록 도움을 주고 있었다.

루이스콜중학교 도서관은 21세기 정보화 시대에 정보를 책으로 만나는 전통적 방식과 함께 컴퓨터를 통해 만나는 디지털 시대를 함께 준비하고 있는 곳이었다. 한쪽에 줄지어서 넉넉하게 비치된 30여 대가량 되는 컴퓨터는 정보 활용 교육목표 달성에 부족함이 없는 양적·질적 환경을 만들어 주었다.

도서관에서는 주로 리서치 활동과 탐구 협력 수업이 많이 이루어진다. 리서치 활동은 대개 교과 선생님과 사서교사가 함께 협력하여 계획, 진행하는 프로젝

학생들은 여러 대의 컴퓨터로 언제든지 자유롭게 리서치 활동을 할 수 있다(위). 정보를 얻기 위해 찾아보는 참고 문헌 (아래).

트 수업 과정 중에 시행되며, 아이들은 다양한 프로젝트 수업을 통해 지식을 유의미하게 만나고 지식을 자신의 삶과 자연스럽게 연결 짓는다고 했다. 젊은 세대 아이들이 책보다 컴퓨터를 더 익숙하게 생각하는 터라 리서치 활동을 할 때도 컴퓨터가 주를 이룰 것 같지만, 한쪽에 구비된 백과사전과 참고 문헌들을 포함하여 1만여 권 정도 되는 장서들이 대출은 물론 평소에도 사용 빈도가 높다고 한다. 이는 교과 통합 프로젝트로 진행되는 협력 수업으로 인한 활발한 도서관 활용에 따른 결과일 것이다.

션이 강조하는 정보 활용 능력은 일단 문제 해결에 필요한 정확한 정보를 찾아내는 것뿐만 아니라, 찾은 정보 및 웹 사이트나 프린트된 정보(문서 정보)들이 확실하고도 신뢰성이 있는 것인지를 판단하고, 이를 윤리적으로 각자 필요에 맞게 잘 가공하는 것까지를 포함하는 과정에서 요구되는 능력들을 말한다. 아이들은 잘 알려진 구글이나 엡스코EBSCO(다양한 기사를 접할 수 있는 데이터베이스) 내에서 효율적이면서도 고급 기술을 가지고 정보를 찾아내는 방법과 정보 활용 교육을 통해 인터넷에서 보고 읽는 모든 것이 사실이 아닐 수도 있다는 것을 이해하고 배우게 된다. 또한 리포트나 에세이 내에서 인용하는 방법이나 규칙들도 배운다.

리서치 활동은 단순히 문제 해결을 위한 정보를 많이 찾는 것이 아니라 문제 해결에 정확한 정보를 찾아 그 가치를 판단하고, 찾은 정보를 올바르게 사용하고 활용하는 방법을 배우는 데 초점이 있다. 이런 반복된 과정과 훈련을 통해 아이들은 그들이

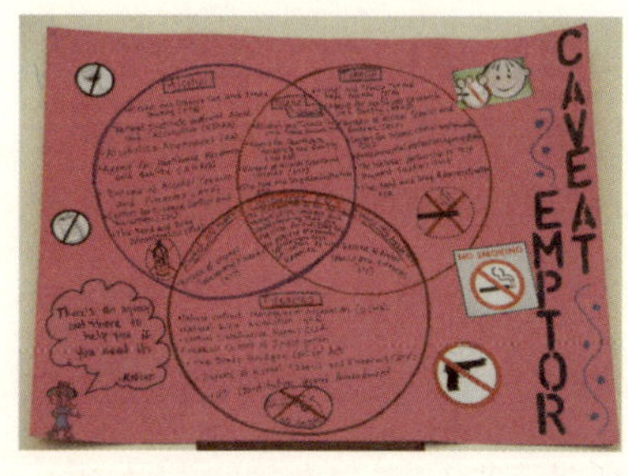

'구매자의 위험 부담'이라는 안내문. 술, 담배, 총기의 위험성을 알리고 있다.

해결해야 할 정보나 문제에 대한 자료를 찾기 위해 가야 할 장소는 당연하고 자연스럽게 도서관이라는 것을 몸으로 익히게 되는 것이다. 아이들은 도서관 활용 및 협력 수업, 프로젝트 수업을 통해 보다 효율적인 정보 사용자가 되어 자기 주도 학습이 가능한 평생 학습자가 되는 과정을 밟아 나가고 있었다.

교육과정 내에서 교과 통합으로 이루어지는 도서관 협력 수업

루이스콜중학교의 사서교사와 각 교과 교사들은 통합 교육과정으로 일 년에 걸쳐 진행될 프로젝트 수업을 계획하기 위해 지속적으로 교과과정에 대해 연구하고 협력하고 있었다. 사서교사가 각 교과 수업 진행에 관한 아이디어를 내면 선생님들이 수업에 적합할지를 판단하여 계획을 세우고, 어려운 주제에 대해서는 사서교사가 참여하여 도와주기도 한다. 협력 학습은 3월 말~4월 초에 프로젝트를 시작하는데 계획 단계부터 사서교사와 담당교사가 함께 의논하여 제작된 프로젝트 수업에 관한 가이드라인은 학기 초에 제시한다고 했다.

이때 사서교사가 협력하는 과목은 정해진 것이 아니라 여러 과목과 결합할 수 있다. 예컨대 과학 교과에서 '환경문제에 대한 이해와 심각성을 느끼고 해결 방안을 모색하라'는 프로젝트 과제를 계획하면, 아이들은 자신이 아동 도서 작가라고 상상하면서 여러 가지 환경문제 중 한 가지 주제를 선택하고 관련 자료들을 찾아 정리한 내용을 책으로 만든다. 프로젝트 수업 및 그룹을 만들어 아이들이 주제를 정하고 자료를 찾고 그것을 결과물로 만들어 내는 과정에서 과학교사와 사서교사가 긴밀하게 협력하여 리서치를 바탕으로 내용을 만들고, 표지 작업은 미술 선생님이 도와 완성되는 것이다.

체육 교과 경우도 학교 블로그를 통해 체육에 대한 주제들을 나눌 수 있는 공간을 만들어 소통하는 등 여러 교과와 유기적으로 협력 학습을 수행하고 있었다.

션이 보여 준 프로젝트 계획안 가이드라인에는 과제에 대한 안내와 요구 사항, 평가 요소들이 함께 제시되어 있다. 가이드라인에는 책과 인터넷 사용이 적절한 비중으로 활용될 수 있도록 안내되어 있었고, 과제를 풀기 위해 정보에 접근하는 방법이 상세하고도 구체적으로 안내, 제시되어 있었다.

과학 교과 협력 프로젝트 결과물. 아이들이 '환경 보존'이라는 주제를 쉽게 전달할 수 있는 그림책을 만들었다.

환경문제 프로젝트 가인드라인의 과제 안내

가이드라인의 과제 안내에는 주변 가까이에서 일어나는 환경문제에 대한 심각성을 깨닫고, 그 원인을 찾아 문제 해결을 위해 할 수 있는 구체적이고 현실적인 행동 방안이 무엇인지 묻고 있다. 책으로 만들 때는 예상 독자가 초등학교 저학년 정도의 아이들이므로 환경문제에 대해 교훈을 주는 동시에 보고 읽기에도 재미있어야 한다. 책은 환경 친화적인 방법으로 만들어져야 하기 때문에 작가가 된 아이들은 디자인하거나, 완성에 이를 때 어떻게 하면 더 자원을 아낄 수 있는지, 재활용이 가능할지를 더 많이 생각하게 된다. 아이들이 과제를 잘 수행했을 때는 초등학교 중 한 곳을 방문하여 자신이 정한 주제에 대해 질문하고 답변하는 시간, 사인하는 기회까지 얻을 수 있다. 그러나 이 과제를 수행하면서 주어질 더 큰 보상은 지구와 인류의 미래를 위해 나중이 아니라 지금 일어나야 하는 변화를 예측해 보고 어떠한 행동을 취해야 할지를 스스로 깨닫게 된다는 것이다. 아마 이 과제를 성공적으로 끝냈을 때 아이들은 눈에 보이는 보상에 연연하지 않고 자신에게 주어진 문제를 스스로 다양한 접근을 통해 창의적으로 해결할 수 있었다는 점에 더 뿌듯해할 것이 분명하다.

과제를 해결하는 데 필요한 검색과 구체적 인용 방법 제시

가이드라인의 요구 사항에서 책 표지에는 제목, 작가, 일러스트레이터, 내용과 관련된 적절한 그림이 있어야 하고, 텍스트 페이지는 최소 10쪽 이상일 것, 환경 관심 분야에 관한 열 가지 이상 사실이 있을 것, 그래픽, 참고 문헌, 책 뒤표지 구성 등 자신이 만들 책이 꼭 갖춰야 할 사항들을 아주 자세하게 제시하고 있다. 그리고 과제를 해결하기 위해 다양한 자료를 찾아야 하므로 정기 간행물(잡지) 및 신문 기사를 검색할 수 있는 홈페이지를 알려 준다. 검색하는 옵션뿐 아니라, 온라인 도서관 카탈로그와 《월드북 백과사전》(미국의 백과사전)에 접근하는 방법, 검색 방법, 인용하는 방법까지 상세하게 안내하고 있다. 이 가이드라인에서는 찾은 자료를 활용할 때 MLA(Modern Language Asscoation)를 사용하도록 하는데, MLA는 문서 리서치 보고서를 작성할 때 사용되는 문서 형식이다. 인터넷이 발달하면서 보다 더 많은 자료를 찾을 수 있게 되었지만, 찾은 자료를 어떻게 사용해야 할지, 그 방법을 잘 몰라 자신도 모르게 표절하게 될 위험과 확률이 더 높아졌다. 따라서 미국 사회는 어릴 때부터 표절하는 글이 되지 않도록 인용하는 방법을 가르치고, 표절은 범법 행위로 아주 엄격하게 다룬다. 정보 활용 교육은 단순히 책이나 컴퓨터를 활용해 정보를 찾는 것을 넘어 책을 통해 찾은 자료가 얼마나 주제에 적합한지를 선별하고 그것을 윤리적으로 잘 가공하여 자기 것으로 만들어 낼 수 있는지가 관건임을 사서교사가 보여 준 협력 수업 지도안을 통해 알 수 있었다. 평가 요소 또한 아주 구체적으로 제시되어 있었는데 사서교사도 협력 수업을 이루는 계획에서부터 평가까지 적극적으로 개입하고 함께 과정을 진행해 나간다고 한다.

학교 홈페이지 옆면에는 각 교과 탐구 활동 학습에 관련된 파일이 있는데, 학습에 필요한 리서치와 탐구 활동을 할 수 있는 방법을 친절하게 안내해 주고 있었다. 진행되고 있는 프로젝트는 홈페이지를 통해 과제를 해결할 수 있는 워크시트를 첨부하고 수시로 업데이트된단다. 홈페이지에 탑재된 종교에 대한 워크시트는 과제를 해결할 수 있는 사이트나 링크가 포함되어 있었고, 과학 파일에는 리서치를 위해 인터넷을 활용할 때 주의할 점에 대한 안내 내용이 있었다. 또한, 단순히 두 교과를 함께 한다는 것이 아니라 그 과정까지 세세하게 안내되어 있는 각 과목 워크시트를 통해 온오프라인에서 리서치 활동에 대한 안내를 충분히 받을 수 있게 했다. 그러므로 아이들은 다양하게 구축된 학습 데이터베이스와 정확한 정보검색 방법을 통해 신뢰성 있고 다양한 자료에 접근하며 스스로 배우고 익힐 수 있다.

이렇듯 한 가지 프로젝트 과제를 어떻게 세심하게 지도할 수 있을까 염려했지만, 단계별로 제시되는 상세한 안내와 점검, 그리고 격려로 교사의 잔소리 없이도 알아서 척척 진행되고 있었다. 아이들 스스로 주제

학생들의 작품으로 시리얼 박스의 여러 면을 이용하여 미국의 21대 대통령 체스터 아서에 대한 내용을 찾아 면마다 특색 있게 꾸미고 기록하였다.

를 정하고 과제를 해결해 나가다 보면 당연히 자기 삶에 밀접한 문제를 가져오게 되고, 그러면 아이들은 열정적으로 문제를 해결해 나갈 것이다. 이러한 탐구 중심으로 이루어지는 수업은 아이들을 자발적으로 움직이게 만든다. 일 년 내내 사서교사와 교과 교사들이 끊임없이 소통해서 만들어 내는 도서관 협력 수업은 도서관 이용률과 도서 대출률을 높일 뿐만 아니라 실제 독서 수준과 흥미도 높일 수밖에 없으리란 생각이 들었다.

놀며 즐기며 배우며 스스로 성장하는 공간

과연 각 과목과 도서관이 유기적으로 결합하여 이룬 수업은 뛰어난 결과물을 만들어 냈다. 이렇게 학생들이 협력 수업을 통해 만든 과제물을 모아 한 해 연간 활동을 정리하여 일 년에 한 번씩 책으로 발행하는데, 책을 만들 목적으로 도서관에 와서 따로 하는 활동이 아니라 사서교사가 교과 교사와 협력하여 이루어 낸 수업 과제물 가운데 아이들이 단편소설을 쓰거나 그림을 그린 것들, 만화 등을 모으고, 또 도서관 행사에 참여하여 쓰거나 그린 것들을 모아 만든다.

일 년 동안 협력 수업을 통해 나온 학생들의 교과 작품들은 수준이 다 제각각일 텐데 교장 선생님은 능력을 우열로 나누지 않고 개별적 재능 개념으로 이해하여 자신이 잘하는 것에 참여하고 그것대로 인정받으면 된다고 했다. 언뜻 생각하면 글을 잘 쓰는 것이 그림을 잘 그리는 것보다 우수한 것처럼 느껴지지만, 그림을 잘 그리는 것, 글을 잘 쓰는 것 모두 똑같은 능력이라고 보므로 각자 능력에 맞게 기여를 하면 된다는 것이다. 특히, 문집에 영어가 모국어가 아닌 학생들이 쓴 글을 다수 포함하여 다양한 수준과 학생들이 가진 능력이 표현된 작품들을 있는 그대로 인정하고 있었다. 이런 과정은 학생들이 고교에 진학하여 자기 고유 능력을 개발하는 데 많은 도움이 될 것이라며, 교장 선생님께서는 매우 자랑스럽게 말씀하셨다. 각기 가진 능력과 재능을 있는 그대로 보아 주고 인정해 주는 교장 선생님의 태도가 참으로 인상적이었다.

우리에게 보여 준 것은 과학교사와 사서교사가 함께한 프로젝트 결과물로서 아이들이 만든 그림책이었다. 12~13살 학생들이 만든 작품이라고는 놀라울 만큼 완성도가 높았다. 이렇게 만들어진 문집은 연말에 전교생 모두에게 한 권씩 선물로 준단다. 발행 비용은 4천~5천 달러 정도가 들며, 이것은 학생들에게 협동심과 현실 감각을 키워 주기 위해 스스로 기금을 모을 수 있는 'fund raising' 행사를 벌여 마련한다고 했다. 아이들은 초콜릿을 팔거나 세차를 하는 등 여러 방법으로 모금 활동을 하는데 이런 과정들이 인성과 정서를 강조하는 전체 교육목표와 자연스레 이어지고 있었다.

그리고 문집은 유명한 잡지 발행사인 콜롬비아(학교 관련 책들을 다량 발행하는 회사)에서 주최하는 콘테스트에 응모를 하는데,

작년에는 예술적 표현, 콘텐츠 및 창의성 면에서 두루 우수함을 인정받아 금메달을 땄단다. 놀라운 것은 39년 동안 꾸준히 이런 행사가 있었고, 그간 세 번의 금메달을 땄다는 것이다. 자기 배움의 결실을 녹여 만들어진 책은 세상에 단 한 권뿐인 소중한 책이므로 귀하고 의미 있는 추억물이 될 것이다. 하지만 무엇보다 이 정도 성취감을 느껴 본 아이라면 무엇과도 바꿀 수 없는 자신감과 자긍심을 갖게 되었을 것이다. 자존감이 높은 아이들은 실패를 실패로 선선히 인정하고 언제든 오뚝이처럼 일어날 수 있기 때문에 그 가치가 더욱 크게 느껴졌다.

도서관은 아이들이 즐겁게 지낼 수 있는 공간이 되어야 한다는 생각을 가지고 있는 교장 선생님과 사서교사 덕에 학교도서관은 일 년 내내 다양하고 재미있는 행사를 열어 아이들과 함께 하고 있었다. 그중 10월 'teen book read'라는 독서주간에는 학생들이 읽은 책 주인공이나 등장인물처럼 옷을 입고 분장하여 책 속

교과 협력 프로젝트 수업으로 완성된 결과물은 학생들 작품이라 믿어지지 않을 정도로 높은 완성도를 보인다(왼쪽).
일 년 동안 도서관에서 이루어진 활동 과제물들을 모아 한 권의 책으로 발행하여 아이들에게 선물로 준다(오른쪽).

가사 실습실. 나이가 지긋하신 여자 선생님께서 직접 만든 부침 요리를 대접해 주었다.

세상과 만나는 코스프레도 열린단다. 교장 선생님이 우리에게 당시 아이들과 함께 찍은 사진을 보여 주셨다. 교장 선생님이 이렇게 늘 아이들이 무엇을 필요로 하는지, 아이들에게 무엇을 주어야 하는지를 고민하며 함께 하다 보니 학교 운영을 더욱 현실적으로 할 수 있는 것 같았다. 교과 프로젝트 활동, 탐구 활동, 'PTA학부모 교사회'가 주관하는 북 페어 박람회와 북 클럽 등, 다양한 이벤트로 학교도서관은 언제나 활기가 넘쳐 보인다.

일 년 동안 학교도서관을 중심으로 한 프로젝트 수업과 탐구 활동, 협력 학습 등을 통해 아이들은 자기 주도적인 문제 해결력과 타인과 협력하고 소통하는 것에 대한 중요성을 배운다. 그리고 그런 활동들을 묶어 주는 책이라는 매체를 통해 다양한 문화에 대한 배려와 이해, 유연한 사고, 따뜻한 감성을 배운다. 또한 정보 활용 교육을 통해서는 비판적 사고와 윤리적 태도를 배운다. 가장 중요한 것은 머리로 배우는 것이 아니라 체험을 통해 배우고 터득한다는 것이다. 체험을 통해 배운 것은 자연스럽게 몸

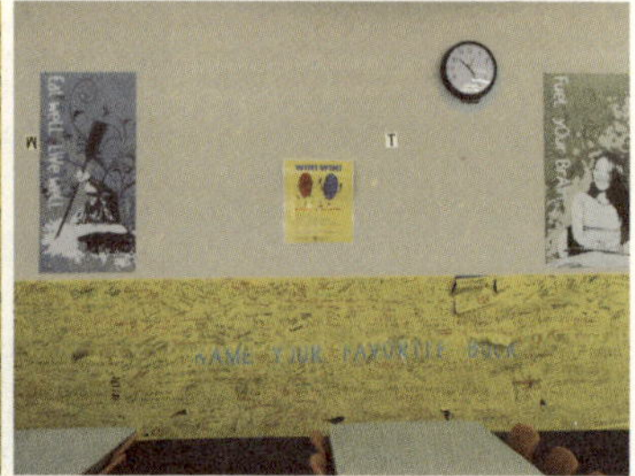

식당 벽면에 학생들이 자기가 좋아하는 책 이야기를 적어 놓았다.

에 배어들기 때문에 저절로 지성과 감성을 함께 키우는 전인교육이 이루어지고 있었다. 즐기면서 한 활동들이었기에 그 결과물이 다양하면서도 창의적일 수 있었을 것이다. 무엇보다 우수한 학습 결과가 아닌 끝까지 개인이 가진 개성과 능력을 존중해 주고자 하는 학교 철학이 아이들에게 자신감과 높은 자존감, 학습 성취감을 갖도록 했을 것이다. 아이들에게 긍정적인 자존감과 학습 성취감을 느끼도록 만들어 주려는 교장 선생님과 사서교사가 내뿜는 열정이 책과 함께 학교 구석구석을 물들이고 있었다. 그 속에서 루이스콜중학교 아이들은 스스로 즐겁게 배우면서 놀면서 성장한다.

개개인의 성장과 발전에 의미를 두는 교육으로

사실 루이스콜중학교에서 보여 준 활동들은 우리나라에서도 도서관 활성화가 잘 되어 있는 중·고등학교라면 충분히 해내고 있는 활동들이었다. 우리도 작은 걸음이지만 작은 학교, 혁신학교를 기점으로 공교육 내에서 배움과 돌봄, 소통을 중심으로 학생 개개인이 가지는 배움과 변화에 귀 기울이는 교육이 시행되고 있다. 입시 위주 교육이란 허울 아래 학생 중심의 창의력과 인성 교육을 중시한다는 허망한 구호뿐이 아닌 실제 일부 학교들에서는 수업 방식을 변화시키고 학교 특성에 맞는 탄력적인 교육과정을 통해 학생들에게 자발성과 창의성을 키우도록 도와주는 교육이 이루어지고 있다. 그간 억압과 소통 부재로 단절된 학교 분위기를 벗고 아직은 미미하지만 새로운 교육철학과 교수-학습 방법을 찾아 배움이 중심되는 교육으로 변화시키려는 교육 개혁 바람이 불고 있어 안도감과 기대감이 함께 실린다.

미국은 1950년 이후 교육이 재정비되면서 학교도서관에 대해 전폭적인 지원을 해 왔기 때문에 미국 교육 현장에서 학교도서관의 위치가 확고해진 것은 꽤 오래된 일이다. 미국 도서관은 정보화 시대에 맞춰 빠르고 다양하며 폭넓은 분야의 정보를 통합할 수 있는 전산 시스템과 도서 이외에도 다양한 정보 콘텐츠 자원을 제공하는 물리적 환경을 구축했다. 하지만 이보다 더 중요한 것은 그것을 만들어 가는 인적 자원일 것이다. 미국에서 학교도서관 전문가school library media specialist가 되려면 사서로서의 전문성뿐만 아니라 교사로서의 전문 자격도 함께 갖추어야 한다. 이렇게 엄격한 자격 요건을 요구하는 것은 그만큼 미디어 전문가를 포함하여 학교도서관을 교육의 중심에 두고자 함이다. 이렇듯 물리적 환경과 전문 인력 배치를 통해 오늘날 미국의 학교도서관은 어디를 가더라도 각 학교의 학습 중심 센터로 자리매김하며 학교의 심장으로서 끊임없이 뛰고 있다. 미국 학교도서관은 사립보다 공립학교에서 그 비율이 더 높다 하니 학교도서관은 적어도 정보 접근 및 확보에서 사회계층, 인종, 지역 간 계층 차이를 해소해 주는 평등하고 공정한 기회를 제공하는 역할까지 맡고 있는 셈이다. 하지만 미국 학교도서관에서 본 도서관 활용 교육 중 프로젝트 수업이나 탐구 중심 수업을 우리나라 학교에서도 성공적으로 실현해 내고 있는 곳이 여럿 있다. 다만, 차이가 있다면 우리는 작은 학교나 도서관 활성화 교육이 잘되어 있는 일부 학교들에서만 이루어지며, 책과 독서 교육에 대한 중요성이 언급되는 이면에는 여전히 입시 교육이라는 틀 안에서 일부로만 강조되고 있다는 점이다.

체험 활동을 중시하고 경쟁을 없애 폐교 위기에서 벗어난 남한산초등학교 학생들은 학교만큼 즐겁고 신 나는 곳이 없단다. 졸업생들 또한 초등학교 때를 기억하면 정말 행복했고 그때 기억으로 사는 힘이 난다고 했다. 의미 있는 교육이 한 사람이 살아가는 데 얼마나 큰 힘을 줄 수 있는지를 단적으로 보여 주는 말이다. 아마 루이스콜중학교에 다니는 아이들도 이와 비슷한 말을 할 것 같다.

감수성이 예민한 시기에 자신의 있는 그대로의 모습을 존중받는 아이들. 책과 도서관을 중심으로 교과목 간 경계 없이 협력하는 수업을 통해 다양한 과목들과 소통하는 학교도서관. 아이들은

학교를 소개하는 사진, 그림, 학생
작품 등을 안내해 놓은 전시장.

학교도서관에서 책과 함께 하면서 지식 뿐만 아니라 세상살이에
필요한 소통 능력과 감성까지 정서적인 내용을 자연스레 익히며
자신의 삶을 생동감 있고 의미 있게 만들어 나가고 있었다.

소개합니다

학교 위치_467 Stillwell Avenue Fort Lee, NJ 07024.
연락처_(201)585-4660
홈페이지_http://flms.flboe.com
제공 학년_7~8학년
인종 구성_다인종(아시아인이 42퍼센트로 가장 큰 비중을 차지)
학급 크기_평균 15.5명

포트 리에 위치한 공립학교는 유·초등학교 4곳, 중학교 1곳, 고등학교 1곳이 있고, 사립학교
는 여러 곳이다. 루이스콜중학교는 각 학생이 가지는 지적, 사회적, 감성적 욕구에 맞는 교육
제공을 목표로 하고 있는 공립학교이다. 이에 따라 교육과정은 사회적·감성적 교육에 초점
을 맞춰 발달단계에 따른 개인과 그룹 활동을 통해 여러 경험을 제공하는 것으로 구성되어 있
다. 이는 긍정적인 정신 건강을 높이고, 살아가는 기술을 터득하도록 돕는 것이다.

스스로를 존경하고 서로를 존중하는
그레이트넥사우스중학교 도서관

송경영 ● 서울 신림중 교사

대자연의 품속에 고즈넉이 안긴 그레이트넥사우스중학교 건물.

GREAT NECK SOUTH MIDDLE SCHOOL

뉴욕시로 들어가는 출근길 정체를 생각해서 아침 7시에 버스에 올랐다. 허드슨 강을 넘어 뉴욕시 교외 롱아일랜드 그레이트 넥 지역에 위치한 한 중학교에 가기 위해서다. 미국의 공교육을 다룬 《야만적 불평등》이란 책에서 그레이트 넥 지역은 뉴욕시 교외 지구에서 가장 높은 교육비를 지출하는 사례로 거론된 대표적인 부촌이다. 30분 거리에 있는 맨해튼이 주 생활권이라 부모들의 소득이 높다고 한다. 아시아인의 거주 비율은 20퍼센트 정도를 차지한다.

한 시간 정도 버스를 타고 도착한 곳은 그레이트넥고등학교였다. 이곳은 다음 날 방문하기로 예정된 곳이다. 이때만 해도 눈 때문에 방문이 취소될 줄 몰랐기에 가볍게 '내일 보자'며 눈인사를 하고 차를 돌렸다. 차를 돌려 나오며 그레이트 넥 지역에 있는 주택들을 살펴볼 기회가 생겼는데 제법 규모 있는 집들이 숲 속에 띄엄띄엄 자리 잡고 있었다. 가이드의 설명에 의하면 미국에서는 집과 집 사이 간격이 멀수록 부촌이란다.

대자연의 품에 안긴 학교를 가다

그레이트넥사우스중학교는 바로 고등학교 옆에 있었다. 눈이

숲 속 길을 한참 가다 보면 정갈한 학교 이정표를 만날 수 있다.

수북이 쌓인 교정에 여러 그루의 아름드리나무가 하늘을 향해 가지를 마음껏 뻗은 채 당당하게 서 있었다. 하얀 눈 속에서 푸름을 빛내는 상록수들도 멋지지만 잎사귀를 다 떨어뜨린 채 본연으로 돌아가 섬세하게 가락가락 가지를 펼치고 있는 겨울나무에게는 숙연한 아름다움이 느껴졌다. 그레이트넥사우스중학교는 기사처럼 우뚝 서 있는, 한 아름이 족히 넘는 커다란 나무들에게 엄호를 받으며 대자연 품에 고즈넉이 안겨 있었다. 학교는 그 자체로 자연에 속한 일부가 되고, 주변은 온통 아름드리나무가 들어선 잘 가꾼 공원을 연상케 했다. 붉은색 벽돌로 지어진 ㄷ 자형의 2층 건물, 1957년에 개교한 그레이트넥사우스중학교는 그렇게 고즈넉이 우리를 기다리고 있었다.

계단을 올라서서 현관문으로 들어서니 여러 사람이 손을 잡고 있는 그림과 함께 'Our school, Great staff, Great students, Great expectations(우리 학교, 좋은 직원, 좋은 학생, 큰 기대)'란 글귀가 우리를 반긴다. 예닐곱 명이 손을 잡고 걸어도 될 만큼 널찍한 복도 푸른 벽엔 우리 눈에도 익숙한 명화가 격조 있게 걸려 있다.

한쪽이 통유리로 된 널찍한 복도 벽면에는 유명한 화가들의 작품과 전시물들이 걸려 있다.
'RESPECT' 란 글귀는 학교 여기저기에 응용되어 적혀 있어 이 학교의 정신을 엿보게 한다.

복도는 둥근 곡선으로 되어 있고 바깥쪽 벽은 통유리라 눈 쌓인
교정과 아름드리나무들이 그대로 커다란 화폭 속 그림이 된다.
언뜻 지나치다 들여다본 교무실엔 하트 모양 장식들이 걸려 있어
방문객 마음을 따스하게 데워 준다. 복도에 걸린 교직원들 사진
앞에서 잠깐 멈춰 헤아린 수는 130명이 족히 넘는다. 학교 홈페
이지에 들어가 자세하게 들여다보니 학생 수는 전체 800명이 조

금 넘고, 학생 대비 교사 비율이 아홉 명 대 한 명 꼴이다. 복도에 놓인 긴 사물함들 위에는 'RESPECT YOURSELF(너 자신을 존중하라)'란 글귀가 커다랗게 적혀 있어 눈길을 끈다. 이 글귀는 우리가 학교 여기저기를 살펴보는 동안 자주 눈에 띄었다. 스스로를 존중하는 정신을 길러 주는 학교라니, 참 마음에 든다.

우리가 처음 안내받아 들어간 곳은 도서관이었다. 도서관은 교실 3칸 정도 크기의 널찍한 정사각형 공간으로 출입문 입구에 대출/반납대가 놓여 있다. 서가는 벽에 붙어 있는데 그 위로 미국도서관 협회에서 발행한 'READ(독서 권장 포스터)'가 수십 장 나란히 붙어 있다. 우리나라에서도 몇 년 전 배우 안성기 씨를 모델로 하여 독서 권장 포스터를 제작해 학교에 나눠 준 적이 있었는

도서관으로 들어가는 입구(왼쪽).
도서관 벽면 서가 위에는 'READ' 포스터가 빼곡히 붙어 있어 눈길을 끈다(오른쪽).

데 그와 흡사해 보인다. 포스터 속에는 미국 사회의 다양한 분야에서 일가를 이룬 사람들, 특히 청소년에게 인기가 많은 인물들이 개성 넘치는 표정과 모습으로 책을 들고 학생들을 유혹하고 있다. 도서관 안쪽 서가 앞에 놓인 푹신한 소파에서는 학생들이 자유롭게 책을 읽고 있고, 한 학생은 파일을 여러 권 곁에 쌓아 두고 과제를 해결하는 중이다. 널찍한 도서관 공간을 크게 둘로 나눠 바깥쪽엔 책상과 의자를 놓고 프로젝션 스크린이 설치되어 있으며, 안쪽엔 컴퓨터가 20대쯤 놓여 검색과 정보 활용 교육을 하는 공간으로 사용되고 있음을 알 수 있다.

도서관에 들어서자 교장 선생님과 교감 선생님 2명, 사서교사 캐서린과 낸시, 한국인 유학생 2명이 우리를 반겨 주었다. 우리 일행이 예정된 공식 방문객이었기 때문인지 학교에서는 소개할 자료를 미리 준비해 두고 기다리고 있었다. 사서교사 캐서린과 낸시가 번갈아 학교도서관이 추구하는 목표와 역할, 프로그램 등에 대해 프레젠테이션을 하는데 그 자신감 넘치는 어조와 표정이 매혹적이었다.

미국에서는 사서교사가 교육 전문가로서 인정받는다. 이는 지

학생들의 흥미를 끌 만한 도서를 별도의 서가에 배치하고 있다.

도서관 한쪽에는 도서관 정보 활용을 위한 컴퓨터가 20여 대 놓여 있다(왼쪽).
프로젝션 스크린을 설치하여 도서관 활용 수업을 지원하고 있다(오른쪽).

식과 정보를 중요시하는 미국 사회에서 정보를 다루는 사서교사의 전문성을 인정하는 것일 뿐만 아니라 사서교사가 수행하는 교육적 역할을 특별히 중시하는 것으로 해석해 볼 수 있다. 더욱이 학교에서는 정보 활용 교육이 정규 교육과정에 포함되어 있으므로 사서교사의 역할이 매우 중요하다. 물론 미국에서도 지역별 재정 상태에 따라 사서교사가 배치되어 있지 않은 학교도 있으며, 사서교사 한 명이 두 학교 이상에서 도서관 프로그램을 운영하는 경우도 있다. 그러나 미국의 학교 대부분은 학생들 학력 수준의 향상과 사서교사의 배치 여부가 밀접한 관련이 있다는 사실을 인정하고 있어 학교도서관에 전문적인 사서교사가 있어야 한다는 사실을 당연하게 생각하고 있다. 이는 1만 1,407개 초·중·고 학교에 정규 사서교사가 고작 724명 근무하고 있는 우리나라와는 비교가 불가능할 정도이다. 〈학교도서관진흥법 일부개정법률안〉 이찬열 대표 발의. 2011

운동장에는 체육교사가, 보건실에는 보건교사가, 급식실에는 영양교사가 각자 전문적인 역할과 교육 활동을 수행하듯이 학교도서관에는 사서교사가 있어야 한다는 상식적인 논리가 우리나라에서는 통용되고 있지 않다.

우리나라 역시 정보 활용 교육을 위한 교육과정이 개발되지 않은 것은 아니다. 1995년에 '고등학교 정보와 매체'가 개발되었고, 2001년에는 초·중·고등학생용 '정보와 도서관', 2007년에는 한국도서관협회에서 '도서관과 정보 생활' 교과 교육과정을 발표하기도 했다. 그러나 정보 활용 교육이 정규 교육과정에 포함되지 못하면서 그 교육을 담당할 사서교사 배치로까지 이어지지도 못한 채 유명무실해져 버렸다. 그래서 우리나라에서는 도서관 활용 수업이 교과 교사들, 그중에서도 대부분 도서관을 담당 업무로 맡고 있는 국어과 교사들이 교실에서 도서관으로 공간을 이동해서 실시하는 도서관 이동 수업이라는 형태를 벗어나지 못하고 있으며, 사서교사 역할 또한 대부분 자료를 대출하고 반납하는 수준에 머물러 있다. 이런 맥락 아래 설상가상으로 2011년에 이어 2012년에도 추가 정규 사서교사 정원 배정은 한 명도 없었다.

초등학교 때부터 도서관에서 교과 교사와 사서교사가 협력하

도서관에서 사전을 찾아볼 수 있는 사전대이다.

여 체계적으로 지식과 정보를 검색하고 활용하며 창조적으로 구성해 내는 정보 활용 교육을 제대로 받고 성장하는 미국 학생들, 반면 정작 컴퓨터와 인터넷은 게임이나 단순 궁금증을 해결하는 도구일 뿐 교실에 앉아 교과서 위주로 진행되는 암기식 교육을 벗어나지 못하고 있는 대한민국 학생들. 10년 후에 두 나라 간 학생들은 어떻게 달라질까? 아니 벌써 얼마나 격차가 벌어져 있는가. 아찔해진다.

사서교사 역할 제대로 인식하자

캐서린과 낸시는 전문가로서의 당당함이 몸에 배어 있어 자신감이 넘쳤다. 그 당당함과 자신감은 자기 업무에 대한 뚜렷한 소신과 자부심, 열정에서 오는 것이리라. 캐서린이 먼저 학교도서관 사서교사가 추구해야 할 목표로 네 가지를 제시했다.

첫째, 학교에서 시행하는 모든 교육 프로그램을 도와주고 이끌며, 모든 과목, 교육과정과 연계한다.

둘째, 교수 – 학습 과정에 능동적인 협력자로서 그 역할을 수행한다. 학생들에게 도서관이 학습이 이루어지는 기본 공간이며 모든 과목에 큰 도움이 되는 공간임을 알게 하고 교과 교사들과 협력하여 교수 – 학습 목표를 달성하도록 돕는다.

셋째, 학생들이 아이디어와 정보를 얻을 수 있도록 자원을 제공하고 21세기에 학생들이 기본적으로 갖추어야 할 능력이자 모

도서관 한쪽에 안락한 소파가 자리하고 있어 편안하게 책을 읽는 학생들을 만날 수 있다(왼쪽).
도서관 중앙 서가들은 보통 3단으로 낮고, 그 위에 신간 도서들을 올려놓아 학생들의 관심을 유도한다(오른쪽).

든 교과 학습에 필요한 정보 활용 기술을 배울 수 있도록 돕는다.

넷째, 학생들의 평생교육을 돕는다. 올바른 의사 결정 능력과 독서를 사랑하는 습관을 길러 주며, 정보를 활용하고 사용하는 능력을 길러 준다.

그들은 학교도서관에서 사서교사가 해야 할 역할을 분명히 인지하고 있었다. 다른 교과 교사들과 동등하게 수업 아이디어를 제공하면서 협력 수업을 진행하고 있었는데, 우리가 방문했던 다른 학교에서 만난 사서교사들 대부분 또한 그러했다. 이것은 그들이 공통적으로 미국 학교도서관 기준에 제시된 학교도서관 운영 전반에 걸친 지침을 따르기 때문이다.

미국사서교사협의회 AASL:American Association School Librarians 와 미국교육공학회 AECT:Association for Educational Communications and Technology 에서는 공동으로 연방 수준에 준하는 학교도서관 기준 Information Power 을 발표했는데, 1998년판 기준에서는 사서교사가 담당해야 할 역할을 우선순위대로 교사 teacher, 교수 파트너 instructional partner, 정보 전문가information specialist, 미디어 프로그램 운영자program administrator 4가지로 제시하고 있다. 여기에서 우리는 사서교사의 역할을 정보 자료를 수집, 조직, 관리, 제공하는 정보 전문가 역할보다 교사 역할을 1순위에 놓고 있다는 점에 주목할 필요가 있다. 또 사서교사가 교수 상담가에서 교수 파트너로 명칭을 바꾸면서 자료 수집, 조직, 열람, 대출 활동 등으로 학생과 교사를 지원하는 수준을 넘어서고 있다. 사서교사는 교수 - 학습 과정에 직접 참여하여 학생들에게 독서 능력과 정보 활용 능력을 신장시켜 주는 것이 목표이며, 독자적인 교육과정과 내용으로 일반 교사와 동등한 파트너로서 하는 협력 수업을 강조하고 있다. 이런 협력 수업을 통해 교과 교사는 교과 목표 달성을 극대화할 수 있고, 사서교사는 독서 교육 및 정보 활용 교육 목적을 달성한다고 보는 것이다.

우리나라에서도 도서관 활용 수업이 이루어지는 학교가 점차 늘어나고 있다. 그러나 정식 사서교사가 배치되어 있는 학교 몇 군데를 제외한 대부분의 학교에서는 도서관 담당교사를 중심으

도서관 정보 활용을 통한 탐구 프로젝트 수업 6단계.

로 도서관이라는 공간을 이용하여 비치된 책을 읽거나 도서 자료를 수업에 활용하는 정도에 그치고 있다. 우리나라 대부분 학교에서 정보 활용 교육 전문가인 사서교사와 교과 교사가 협력하여 체계적으로 수립한 도서관 활용 수업, 또 도서관에 있는 자료와 인터넷 웹 자료를 활용하는 법을 체계적으로 학습하고 교과 수업 목표도 충실하게 달성할 수 있는 수업은 언제쯤 가능해질까.

재미있는 프로그램으로 교사와 학생들을 유혹하다

그레이트넥사우스중학교 도서관에서는 다양한 프로그램들이 운영되고 있었다. 먼저 'OPEN HOUSE'라는 프로그램은 9월, 새 학기가 시작되기 전에 주로 교사를 대상으로 이루어진다. 사서교사가 새 학기 수업과 관련된 자료를 모두 꺼내 놓고 교사들과 자리를 마련하는데 교과 교사가 자기 과목 수업을 위한 자문을 구하면 사서교사는 수업에 대한 아이디어를 제공해 주거나 교육과정과 관련된 정보를 제시해 준다. 이런 과정을 거쳐 사서교사와 교과 교사가 함께 수업을 준비하고 만들어 나간다. 이를 통해 교사들은 학교도서관이라는 공간에서 이루어질 수업에 대한 아이디어를 얻고 새 책에 대한 정보도 구한다. 이때 출판사 직원이 학교에 찾아와 학생들에게 읽힐 만한 새 책을 소개해 주는 시간도 갖는단다. 새 학기를 맞아 사서교사와 교과 교사가 함께 수업 계획을 세우는 것, 여기에서부터 도서관 협력 수업은 시작되고 있

현명한 독자나 작가가 되기
위한 방법이 적힌 안내물.

었다.

새 학기가 시작되기 전에 사서교사와 교과 교사가 머리를 맞대며 수업 계획을 세우고 자료를 준비하는 일은 매우 중요하다. 이 과정을 통해 사서교사는 학교도서관에 미처 구비되어 있지 않은 자료를 확인하여 미리 구매해 둘 수도 있고, 교과 교사는 학교도서관에 비치되어 있어 자기 수업에 활용할 수 있는 자료가 무엇인지 점검할 수 있을 테니 말이다. 사서교사가 단순히 담당교사 수업을 보조하는 수준에서 한 발 나아가 수업에 필요한 아이디어를 제공하고 수업 계획과 평가 영역까지 함께할 때 진정한 도서관 협력 수업은 가능해진다.

'BOOK(IE)S AND COOKIES'라는 프로그램은 학기 초에 교사들이 집에서 쿠키를 구워 도서관에 가져와 나눠 먹으며 자신이 재미있게 읽은 책을 서로 교환하는 행사이다. 이런 행사를 통해 교사가 먼저 책에 대한 관심을 놓지 않고 적극적으로 책을 읽는 문화를 만들어 가고 있었다.

우리나라도 같은 학교에 근무하는 교사들끼리 독서 모임을 만들어 같은 책을 읽고 느낌을 공유하고 토론하는 문화가 확산되고 있다. 교사 독서 모임을 통해 청소년들에게 인기 있는 책을 함께 읽고 청소년 문화와 생각을 읽어 내기도 하고 교육에 관한 전문 서적들을 읽으며 심도 있는 토론을 하기도 한다. 물론 인기 있는 소설이나 만화, 그림책 등 장르에 상관없이 다양한 책을 읽고 토론한다. 나아가 학부모 독서 모임도 만들어지고 있다. 뜻있는 학부모들이 1~2주일에 한 번씩 학교에 모여 같은 책을 읽고 토론하는 모임이다. 어른들이 책을 읽지 않으면서 아이들에게만 책을 읽으라고 하는 것은 어불성설이다. 집에서도 학교에서도 어른들이 책을 읽으면 아이들은 자연스레 책을 손에 들게 된다. 어른이 되면 책을 읽지 않아도 된다는 생각은 도대체 누구의 생각일까.

교사들이 먼저 책에 대해 전문적인 안목을 갖고 있어야 가르치는 학생들에게도 자신 있게 책을 권할 수 있다. 그러기 위해서는 참고가 될 만한 책과 전문 서적, 인문 서적 등을 꾸준히 읽어야 한다. 독서 교육이 국어교사에게만 해당되는 몫은 아니다. 모든 과목에서 교과와 관련된 다양한 분야에 속하는 책들이 수업과 함께 소개되고 읽혀야 한다. 바로 사서교사와 교과 교사가 함께 이루는 협력 수업 안에서 말이다.

'BATTLE OF THE BOOKS' 라는 프로그램은 북클럽과 성격이 비슷하다. 도서관에서 사서교사의 지도로 이루어지며, 보통 3~4명씩 그룹을 나누어 12종류로 나뉜 소설 중에서 한 권을 선정하여 읽는다. 그리고 그 책에 대해 소개하는 시간을 갖고 가장 잘하는 그룹에 상을 주어 격려하는 프로그램이다. 이때 선정되는 책은 공상과학소설부터 고전소설까지 다양하다.

이 프로그램은 우리나라 중고등학교에서 볼 수 있는 학생 독서 모임이나 동아리 활동과 흡사하다. 단지 우리와 차이가 있다면 여러 그룹이 각기 다른 책을 선정하여 읽고 발표 대회를 치른다는 점이다. 책을 읽는 소모임은 많으면 많을수록 좋다. 개인적으로 서울 봉원중학교에서 열린 22개 독서 동아리 발표회를 보면서 느꼈던 가슴 벅찬 감동을 잊을 수 없다. 생각이 잘 맞는 또래나 선후배 4~5명이 책 모임을 만들어서 일주일에 한 번씩 정해진 요일과 시간에 만나 같은 책을 읽고 생각을 나누는 활동을 정리하여 발표하는 자리였는데, 선생님 없이 학생들끼리 자율적으로 이루어진 독서 모임 활동이 그렇게 창의적이면서도 깊이가 있을 줄 몰랐다. 아이들은 그렇게 책을 스승 삼아 학교에서 새로운 문화를 만들어 내며 성장해 가고 있었다.

'AUTHOR VISITS'는 우리나라 학교도서관에서도 제법 많이 하는 프로그램으로 작가를 학교에 초청하여 학생들과 대화하는 시간을 갖게 하는 것이다. 인기 있는 작가와 만나는 시간을 마련함으로써 학생들은 책 내용을 깊이 내면화할 수 있다. 우리 학교에서도 해마다 작가 초청 강연을 도서관 행사로 실시하고 있는데, 다른 점이 있다면 그레이트넥사우스중학교는 이틀 동안 작가를 초청하여 낮에는 강당에서 학생들을 대상으로, 저녁에는 학부

도서관 행사나 독서 방법을 안내하는 홍보물.

모들을 대상으로 다양한 행사를 벌인다는 점이다. 이번에는 '브라이언 핑크니'라는 작가를 초청할 계획이라고 했는데 학교 홈페이지와 도서관 홍보물에 작가 초청에 관련한 글이 많이 올라와 있었다.

자료를 소장하기만 하는 도서관을 뛰어넘다

캐서린과 낸시가 보여 준 홍보 자료에는 도서관이 학생들을 위해 어떤 도움을 줄 수 있는지를 구체적으로 알려 주고 있었다. 또 교과목마다 교사들이 제각기 웹 사이트를 만들어 활용하고 있었는데, 그중 우리에게 보건 과목 웹 사이트를 보여 주며 그들이 어떻게 수업에 협력하고 있는지를 설명해 줬다. 다양한 질병에 대해 설명하는 자료를 읽거나 검색한 후 '내가 만일 이 질병에 걸린다면?' 이란 주제로 글을 써 보게 하는 활동이었다. 이는 질병에 대한 정보 탐색 활동과 더불어 타인이 갖는 정서에 공감하게 하는 인성 교육도 함께 이루어지는 수업이었다. 특히, 체육이나 보건 수업에서도 사서교사와 교과 교사가 협력하고 있다는 사실이 놀라웠다.

그리고 영어 시간에 이루어지는 '미스터리 소설' 을 다루는 수업 계획안도 소개해 주었다. 사서교사가 미스터리 소설과 관련된 개념을 알려 주는 참고 도서와 웹 자료, 미스터리 소설책들을 준비해 주면, 학생들은 개념을 정리하거나 미스터리 소설을 읽고 줄거리를 요약한 후 운율을 붙여 노래를 만들어 보는 활동이었다. 어릴 때 즐겨 듣던 동요 가락에 책 내용과 관련된 가사로 바꿔 붙여 부르는 활동으로 학생들에게 창의력을 키워 주는 재미있는 수업이 될 것 같았다.

따로 서가에 비치된 오디오북.

이렇듯 중학교 사서교사들은 고등학교 수업에 대비해 정보를 검색하는 기술, 즉 인터넷을 범람하는 방대한 정보들 중에서 좋은 정보를 찾아 자료를 인용하는 법, 원하는 정보에 빨리 접근하는 법 등을 가르치기 위해 노력하고 있었다. 웹 사이트에서 필요한 정보를 찾아내 분석하고 통합하는 능력과 정보를 책임감 있게 다루는 방법 등을 모든 교과 과목 공부와 연계하여 가르치는 것이다. 특히 영어, 사회, 수학, 과학 과목 교사들이 사서교사와 협력 수업을 많이 하게 되는데 이들은 학기 초에 일주일에 최소한 한 번 이상 만나서 수업에 대한 계획을 세우고 수업 내용을 서로 피드백하며 학생들에게서 반응을 얻고 평가하는 등 적극적으로 소통하고 있었다. 또 사서교사와 교과 교사는 'Booktalks' 라는 프로그램을 통해 교과 수업과 관련된 책들을 학생들에게 소개해서 읽게 하고 있었다.

가장 놀라웠던 것은 학교도서관 홈페이지에 학교 근처 공공도서관에 있는 정보에 쉽게 접근할 수 있도록 도서관 홈페이지에

도서관 옆 영상 자료가 비치되어 있는 교실은 토론 공간으로 이용되고 있다.

링크를 걸어 두는가 하면, 학생들에게 유익한 웹 사이트를 찾아 링크를 걸어 두어 활용하는 방법을 가르치고 있었다는 점이다. 이는 주로 인쇄물 형태인 도서 자료를 중심으로 운영되던 과거 도서관 운영 방식이 영상 자료, 전자 자료를 넘어서 컴퓨터와 인터넷 등 첨단 기기를 통한 정보 활용으로 넘어가고 있다는 것을 실감케 했다. 그래서 과거에 학교도서관 내에 소장하고 있는 정보 자원만을 대상으로 이루어지던 수업 방식도 컴퓨터와 정보 통신 기술을 이용하여 다른 도서관 및 기관과 정보 자원을 공유함으로써 어떻게 하면 다양하고 풍부한 정보 자원에 접근할 것이냐에 대한 문제로 관심이 옮겨 가고 있는 것이다.

'FOLLETT DESTINY' 라는 도서 대출 시스템은 그레이트 넥 지역 공립학교 모든 도서관에 설치되어 있어서 학생들은 학군 내 타 학교에 있는 도서를 검색하여 빌릴 수도 있다. 또 'NASSAU BOCES' 라는 시스템을 활용해 나사 지역에 있는 책들을 학교끼리 서로 교환해서 빌릴 수가 있었는데 수요일마다 기사가 학교를 돌며 책을 전달해 준다고 한다. 우리가 방문한 주에도 수요일에 책 1권이 도착할 예정이라고 하니 놀랍기도 하고 부럽기도 했다.

그레이트넥사우스중학교 도서관에는 소설과 비소설 자료가 3만여 권이 구비되어 있었고, 수업을 위해 종류별로 다양한 DVD와 비디오테이프가 갖추어져 있었다. 프로젝트 수업이 진행될 때에는 책상에 랩탑을 설치하여 이용하게 하고 있었으며 디지털카메라와 비디오카메라 등 다양한 장비를 활용하여 학습 내용을 광고 형식으로 제작하는 수업도 지원하고 있었다.

교장 선생님의 신념과 철학이 학교를 움직이는 힘이 된다

협력 수업은 우리가 방문한 날에도 변함없이 이루어지고 있었다. 그래서 우리는 다음 시간 시작종이 울리자 수업에 방해되지 않게 옆 교실로 자리를 옮겨야 했다. 그 교실에는 DVD와 비디오테이프가 서가에 빼곡히 꽂혀 있었다. 그곳에서 우린 그레이트넥 사우스중학교를 움직이고 있는 힘이 어디에서 오는지 분명히 확인할 수 있었다.

사실 연세가 지긋해 보이고 웃음기 하나 없는 무뚝뚝하기 그지없는 웰쉬 교장 선생님은 처음 만났을 때 첫인상이 별로 좋은 편은 아니었다. 더구나 우리가 약속한 시간을 초과할까 봐 계속 시계를 바라보시기에 꽤 깐깐한 분이라고 생각했다. 그런데 학교 교육철학과 학교도서관이 하는 역할을 묻는 우리 질문에 조용조용 말씀을 시작하시는 순간, 우린 모두 웰쉬 교장 선생님에게 빠져들기 시작했다.

"중학교는 매우 중요한 시기입니다. 말 그대로 '중간middle'에 저는 큰 의미를 둡니다. 11세부터 13~14세에 이르는 나이는 아기baby가 청소년young adult으로 탈바꿈하는 중요한 시기이지요. 그래서 중학교에서는 이 시기를 긍정적으로 보낼 수 있도록 학생들이 필요로 하는 것을 찾아 주려고 노력해야 합니다. 난 좋은 교사

서가에 수업에 필요한 각종 DVD, 비디오테이프 들이 빼곡히 꽂혀 있다.

와 좋은 자료를 확보하여 학생들을 올바르게 이끌어 주려고 노력합니다. 그래서 도서관은 그냥 중요한 공간이 아니라 가장 중요한 공간이지요. 지성이 샘솟는 공간이기도 하고 새 책과 정보를 취득할 수 있도록 도와주는 공간이기도 합니다. 전 근무지에서도 학교 중앙에 도서관을 건립했는데, 도서관은 학교에서 가장 중요한 곳이라는 상징적인 의미가 담겨 있습니다. 또 이 시기는 인생에서 자신이 가진 능력이 무엇인지 알아 가는 시기입니다. 그 능력들을 발견해 낼 수 있는 방법 중 하나는 동아리 활동입니다. 우리 학교는 다양한 동아리가 있으며 활발하게 활동하고 있습니다. 특히 'pay it forward(아름다운 세상을 위하여)'와 같은 동아리는 15년 전 영화가 동기가 되어 만들어졌는데 – 우리나라에는 《트레버》라는 책과 영화로 소개되었다 – 주변을 위해 좋은 일을 하는 동아리로 세계 빈민을 돕는 활동에도 참가하고 있습니다. 전체 학생 가운데 350명 정도는 운동 동아리에서 활동하고 있고, 우리 학교는 인근 지역에서 유일하게 교내 방송국을 갖추고 있는 곳이기도 합니다. 매주 금요일에는 동아리 활동으로 팝 오케스트라 공연이 열립니다. 또 일 년에 한 번씩 학생들이 만들어 낸 수업 결과물을 묶어 책으로 펴내기도 합니다. 이런 다양한 동아리 활동을 통해 학생들은 자기 능력과 적성을 알아내고 계발해 갑니다. 변화가 요동치는 중학생 시절에 소질과 적성을 찾아 주는 역할은 정말 중요하지요. 요즘에는 사람들이 교사에게 고맙다는 말을 하지 않습니다. 그러나 난 같은 교사로서 여러분에게 감사하다고 말하고 싶습니다. 교사는 누가 뭐래도 소명 의식을 가지고 살아야 합니다. 여러분을 만나서 행복합니다. 그리고 여러분에게 고맙다는 인사를 전합니다. 교사로서 응당 걸어야 할 길을 사명감을 가지고 걸어가십시오. 다시 한 번 고맙습니다."

교장 선생님이 건넨 마지막 인사에 난 코끝이 찡해 오며 눈시울이 붉어졌다. 교사가 되어 대한민국에서도 못 받고 사는 감사와 위안을 미국 땅에서 가슴 깊이 받고 돌아갈 줄 어찌 알았으랴. 눈시울이 붉어진 우리 일행과 함께 기념 촬영을 하자는 말에 비로소 교장 선생님은 처음으로 환한 웃음을 보여 주셨다. 그리고 약속이 있다고 하시면서도 현관까지 나와 우리를 따스하게 배웅해 주셨다. 방문 시간을 1시간도 더 지체한 우리들에게 말이다.

어느 조직에서나 수장은 확고한 신념과 철학이 있어야 한다.

그러나 그보다 더 중요한 것은 같은 길을 가는 사람들에 대한 연대와 따스함이 아닐까 싶다. 교장 선생님이 보내는 지지와 동료들 간에 보내는 배려와 감사가 담긴 마음들이 학교를 움직이는 커다란 힘이 되었듯이. 학교 구성원들이 스스로를 존경하고 서로를 존중하며 학생들 개개인이 지닌 소질과 능력을 최대한 이끌어 내어 아름다운 나비로 날게 하는 그레이트넥사우스중학교. 이 학교는 도서관의 역할과 협력 수업의 완벽한 시스템을 보여 준 학교이기도 했지만, 그보다 개인적으로 교장 선생님이 보여 주셨던 교사에 대한 인간적인 동지애로 오래오래 기억에 남을 것 같다. 그리고 그 힘으로 아이들을 오래오래 사랑할 수 있을 것 같다.

학교를 나서며 교사가 되어 지금까지 만났던 열 분 남짓한 교장 선생님들이 파노라마처럼 스쳤다.

소개합니다

학교 위치_349, Lakeville Road Greatneck, NY11020
연락처_(516)773-1660
홈페이지_http://greatneck.k12.ny.us/GNPS/SMS

그레이트 넥 지역에는 공립학교가 초등학교 4개, 중학교 2개, 고등학교 3개가 있는데, 이들 중 하나이다. 그레이트 넥 지역에 있는 이들 공립학교에 대한 정보는 http://greatneck.k12.ny.us에서 구할 수 있다. 그레이트넥사우스중학교는 2010학년도 학생 수가 834명이고 교직원 수는 135명(이중 교사는 91명)으로 학생 수 대 교사 수의 비율은 9.2 대 1이다. 아시안계 재학생 수가 지속적인 증가 추세를 보이고 있으며, 2010년 현재 330명(40퍼센트)으로 백인(416명) 다음으로 많다. 3개 학년 전체가 영어 및 수학 성적에서 주 평균보다 높고, 상대적으로 우수한 학생 비율이 월등히 많다.

미국의 계관시인 로버트 프로스트의 이름에서 학교명을 따온 프로스트중학교 건물

ROBERT FROST
SCHOOL
4101 PICKETT ROAD

자녀를 반드시 명문대에 보내려는 것은 아니지만 정신적·육체적으로 건강하게 자라게 하기 위해 아이들에게 좋은 환경을 마련해 주려는 학교와 지역사회, 학부모들이 뿜어낸 열기는 보스턴에서 수백 킬로미터 떨어진 버지니아 주에 있는 학교에서도 확인할 수 있었다.

미국 버지니아 주 북동쪽에 위치한 페어팩스 카운티는 행정구역상 북버지니아에 속하지만 워싱턴DC 생활권 안에 있다. 거주민 대부분은 FBI와 CIA 같은 정부 기관이나 대학, 연구소, 사업체 등에서 일하는 소위 백인 중산층이다. 〈워싱턴 포스트〉가 UCLA와 UVA 교수들의 연구를 인용해 발표한 '미국 최고의 학군 The Best School System in America' 이자, 〈US NEWS〉가 선정한 전 미국 사상 최고 고등학교인 토머스제퍼슨과학고등학교가 있는 곳이기도 하다. 좋은 유치원을 보내기 위해 임신했을 때부터 유치원 대기자 명단에 태어나지도 않은 아이를 올려놓는다는 곳이고, 초등학교 3학년부터 GT(Gifted and Talented) 프로그램이 운영되는 곳이며 6만여 명의 한국인이 살고 있는 곳이기도 하다.

페어팩스 카운티에 있는 몇몇 학교는 특이하게도 학교 이름을 유명 시인의 이름에서 따오기도 하는데 프로스트중학교 역시 미국 제31대 대통령인 존 F. 케네디가 1961년 대통령으로 취임할 당시 헌시를 낭송한 미국 시인 로버트 프로스트[4]에게서 이름을 따왔다.

그는 존 F. 케네디 대통령 취임식에 자작시 '아낌없는 선물The Gift Outright'을 낭송하는 등 미국의 계관시인이었으며, 미국에서 가장 권위 있는 보도·문학·음악상인 퓰리처상을 네 번이나 받았다. 학교 곳곳에는 프로스트의 시가 담긴 액자가 걸려 있어 자신들의 역사를 철저히 가르치고 그 역사를 일군 인물을 부각시켜 온 미국인의 자부심 교육의 단면을 보는 것 같았다.

존 하버드 동상의 구두코가 반짝이는 이유

북미 도서관 여행에서 마지막으로 들른 도시는 보스턴이었다. 보스턴은 미국에서 가장 오래된 도시 가운데 하나로 1630년 영국 청교도 식민지 개척자들이 세운 도시다. 1800년대 중반에는 감자 기근으로 피해를 입은 아일랜드계 주민 수천 명이, 그 후에는 보스턴과 남유럽을 오가는 싼 증기선을 타고 가난한 이탈리아인들이 와서 정착했다. 역사가 오랜 만큼 곳곳이 유적지이지만 도서관 기행에 나선 우리가 향할 목적지는 미국이 최초로 무료 도서관을 시행한 보스턴 공공도서관이었다.

웅장하면서도 소박한 멋을 지닌 보스턴 공공도서관을 둘러보고 서울로 돌아오는 비행기를 타기 위해 뉴욕으로 다시 이동하기 전 아쉬운 마음을 추스르며 찾은 하버드대학교에는 미국에 있는 동안 내내 보았던 함박눈이 거의 무릎에 닿을 만큼 쌓여 있었다.

건물과 건물 사이 사람들이 다니는 곳만 백지에 연필로 금을 그어 놓은 것 같은 길이 나 있는 눈 쌓인 교정에서 가장 넓게 눈이 녹아 있는 곳은 존 하버드 동상 앞이었다. 죽기 전에 장서 400여 권과 유산 절반을 하버드대학에 기부한 공헌을 기려 매사추세츠 주 의회가 '새로운대학New College' 또는 '새도시대학the college at New Towne'으로 부르던 학교 이름을 '하버드칼리지Harvard College'로 바꾸었고 훗날 여러 과와 대학원이 통합되면서 '하버드대학교Harvard University'가 되었다고 한다. 존 하버드 동상이 학생들이 많이 오가는 곳에 자리 잡기도 했지만 우리 같은 여행객이나 세계 여러 나라에서 견학 온 학생들과 방문객들이 꼭 들르기 때문에 동상 앞은 많은 사람이 다녀간 발길에 눈이 녹아 이곳이 하버드대에서 유명한 장소 중 한 곳임을 드러내고 있었다.

내 키보다 높아 보이는 단 위에서 왼발을 조금 앞으로 내민 모습으로 의자에 앉아 있는 존 하버드 동상의 왼발은 청동상답지 않게 노랗게 반짝였다. 어떤 목적으로든 하버드대에 온 사람들은 동상의 발에 손을 얹고 기념사진을 찍기 때문이라는데, 동상의 발을 만지면 자신이든 자손이든 누군가는 꼭 하버드대에 진학한다는 속설 때문이라고 한다. 절대로 하버드대에 올 일이 없는 전공을 선택하여 이미 대학에 진학한 아이들을 둔 나도 동상의 발을 잡고 슬며시 사진을 찍었으니 동서양의 남녀노소가 줄지어 서서 사진 찍을 차례를 기다리는 진풍경은 더 이상 진풍경이 아니었다. 그뿐만 아니라 미국 학부모들도 자녀의 명문대 진학을 기원하며 존 하버드 동상의 발을 만지는 주술의 힘을 빌린다고 하니 자녀가 명문대에 진학하기를 바라는 마음은 미국도 예외는 아니구나 싶어 조금 씁쓸하기도 했다.

학교를 방문하기 전 홈페이지에서 확인한 프로스트중학교 공동체(프로스트중학교는 교사, 학생, 학부모, 교직원 등 다양한 구성원이 함께 학교를 만들어 간다)가 갖는 사명은 풍부한 교육 환경에서 그 환경을 존중하고, 학문적 우수성을 추구하면서 학생들이 창의적인 사고 능력을 계발하도록 돕고, 모든 학문 간에 유기적 연결고리를 제공한다는 것이다. 또 학교는 학생들에게 국제사회에서 생산적인 시민이 될 기회를 주려고 한다는데 어떤 사람들이 어떻

현관으로 들어가는 복도(왼쪽).
지붕이 파란 현관이 파란색 출입문과 짝을 이루고 있다(오른쪽).

동아리 홍보 벽보가 붙은 복도 기둥.

게 가르치고 배우는지 한층 더 높아진 설렘과 기대로 프로스트중학교를 찾았다.

담장이 없는 학교는 도로를 사이에 두고 숲으로 둘러싸인 마을과 자연스럽게 이어져 있었다. 우리가 찾아간 미국 학교들 대부분은 담장이 없고 주변에 높은 건물이나 상가가 없어서 숲 속에 있다는 느낌이었다. 거대한 나라 미국답게 학교도 넓은 터를 차지하고 있었는데 학교 건물은 높아야 3층이고, 복도가 넓고 볕이 잘 들어 깨끗하고 쾌적한 점이 인상적이었다.

잔디가 깔린 넓은 운동장을 뒤로 둔 단층 건물에 들어서니 교장 선생님과 학생상담교사, 생활지도교사, 그리고 학생 네 명이 우리를 맞아 준다. 마르티 조 잭슨 교장 선생님은 아들이 2011년 6월부터 대구에서 영어 원어민 교사로 일하게 되었다며 더욱 반갑게 맞이했다. 자식에 대한 애틋함은 미국인 엄마도 마찬가지 겠지.

교장 선생님은 자신의 교육목표가 '긍정적인 사고와 행동을 할 수 있도록 돕는 일'이라면서 '학생들이 훌륭하다는 점'을 이 학교의 자랑거리로 꼽았다. 정직함과 봉사 정신을 기르기 위해 다양한 프로그램을 운영하는 학교가 이루어 낸 결과가 아닐까 싶다. 우리가 성취도 평가에 대해 물으니 '성취도 평가가 없으면 아이들을 평가하기가 어렵지 않겠느냐'며 긍정적으로 생각한다고 밝혔다. 우리나라 교과부가 학업 성취도 평가 결과를 발표하면서 대안으로 내걸었던 부시 행정부의 '아동낙오방지법NCLB, No Child Left Behind'은 오바마 행정부가 들어서면서 평가 방식을 결과가 아닌 과정 중심으로, 성취도가 낮은 학교에 대해 처벌보다는 지원하는 쪽으로 바뀌고 있다는데, 같은 맥락에서 교장 선생님도 프로스트중학교 교사들이 성취도 평가에서 학생들 성적을 올리기 위해 시간을 허비하는 일이 없기 때문에 그런 긍정적인 시각으로 볼 수 있지 않았을까.

프로스트중학교에는 페어팩스 지역 한국 학부모회에서 파견한 한국인 학부모가 한국에서 유학 온 학생들을 위해 자원봉사를 하고 있었다. 마침 우리가 들어서자마자 출근한 학부모 미숙 헤어Hare는 학교교육과 관련하여 한국인 학부모와 연락하거나 한국어로 된 책을 영어로 번역하여 한국인 학생들이 현지 적응을 잘할 수 있도록 돕거나 학생과 학부모를 위해 통역을 맡는 등 유학생과 그 부모를 돕고 있단다. 미국 학교에 견학 간 한국 교사들도 프로스트중학교에 대해 그이에게 많은 도움을 받았다.

　　교장 선생님이 '학교의 심장'이라고 강조한 도서관 출입문 왼쪽에는 세계 고지도로 벽을 바르고 유리문을 단 세모로 된 작은 공간이 있다(아래 사진 참고). 'Welcome to the Frost Library!'라고 쓴 포스터를 중앙에 붙이고 사방에 수화를 비롯한 세계의 다양한 언어로 '환영'이라는 글을 붙여 놓아 저절로 웃음이 나왔다. 'I ♥ Frost'라는 이름표를 목에 걸고 동그란 눈에는 안경을 쓴 채 반갑게 인사를 하는 부엉이 인형 앞과 옆에는 교지가 놓여 있어 도서관을 이용하는 아이들이 자연히 자랑스러운 마음이 들겠구나 싶었다.

Welcome to the Frost Library!'라고 쓴 포스터를 중앙에 붙이고 세계의 다양한 언어로 '환영'이라는 글을 써 붙여 놓았다.

　　도서관에 들어서자마자 먼저 'Frost Ambassadors'라는 모임의 회장인 한국 유학생 데니스 김과 학생 회원들을 인터뷰했다. 이 모임은 학교에 손님이나 전학생이 오면 학교를 소개하고 안내하는 역할을 한단다. 혹 학생들 간에 다툼이 있을 때는 중재하기도 한다고 했다. 환하게 웃는 눈에 자신감이 가득 찬 데니스는 도서관에서 컴퓨터를 이용할 수 있고 점심시간에 쉬기도 하며 시

프로스트중학교의 상징인 파란색 옷을 입은 학생들이 보인다.

낭송 대회 같은 여러 행사를 진행한다고 소개했다. 수업 시간 특히, 영어 시간에는 도서관에 구비된 컴퓨터와 책을 이용해 프로젝트 수업을 진행한다며 우리 질문에 친절하게 대답해 주었다. 이 모임에서 활동하는 또 다른 회원 모니카는 도서관이 매우 크고 여러 종류로 다양한 책을 읽을 수 있어서 자신이 굉장히 좋아하는 장소라고 말했다.

두 개 반이 함께 수업을 진행할 수 있다는 도서관은 크기도 넓었지만, 무엇보다 입구 맞은편 벽에 커다란 유리창을 넣어 밝고 환했다. 볕이 잘 드니 푸른 식물을 두는 것은 당연한 일, 유리창 아래에 놓인 편안한 소파 앞으로 책 읽다 피곤해진 눈을 보호할 수 있는 커다란 화분을 군데군데 배치해 이용객을 배려하는 마음이 느껴져 가슴이 뭉클했다. 몇 년 전에 학생들이 학교 축제를 위

도서관 풍경.

해 만들었다는 커다란 기사knight가 한 모퉁이에 서서 굽어보고 있는 도서관 안으로 좀 더 들어서니 낮은 서가 위에 간단한 다과와 학교 소개서, 기념품 등이 차려져 있고 천정에 매달려 있는 컴퓨터 화면에는 한글로 '환영합니다'가 떠 있어 정말로 이용하는 사람을 배려하고 환영한다는 느낌이 들었다.

잠자는 도서관을 깨운 사서교사의 열정

프로스트중학교 도서관은 프로젝션 2대, 스크린 2개, 컴퓨터 27대를 갖추고 공간을 두 부분으로 나누어 수업에 활용하고 있었다. 그리고 그곳에 두 명의 사서교사 대니엘 파워와 시드니가 근무하고 있다. 도서관에 구비된 컴퓨터는 리서치할 때 주로 사용하는데, 사서교사들이 학기 초에 미리 학생들을 대상으로 도서관 이용과 리서치에 대한 오리엔테이션을 한단다.

대니엘이 7년 전 자신이 부임했을 당시만 해도 '잠자는 도서관'으로 불리며 이용하는 학생이 별로 없었다고 했다. 그런데 그녀가 많은 학생과 교사가 수시로 들락거리는 도서관으로 바꾸어 놓았단다. 의욕적이고 열정이 넘치는 그녀는 자신이 중학교에 다닐 때 다른 사람과 잘 어울리지 못하는 별난 학생이었기 때문에 여러 가지 변화를 겪는 중학생들에게 도움을 주고 싶어서 교사가 되었고 특히, 외톨이로 지내는 학생을 돕고 싶어 사서교사가 되었다고 했다.

그녀는 도서관을 활성화하기 위해서 교과 교사와 협력하는 것이 가장 중요하다고 강조했다. 스스로 교과 교사에게 먼저 다가가서 작은 것부터 돕고, 자주 만나 친밀한 관계를 유지하기 위한 노력을 많이 한다며 학생들에게 보다 많은 도움이 되는 도서관을

도서관에는 2개 반이 수업할 수 있는 공간이 있고, 각 공간마다 검색이 가능한 컴퓨터를 두었다.

만들기 위해 교과 교사들과 친하게 지내야 함을 재차 강조했다. 그녀는 교과 교사들에게 수업에 도움이 되는 책을 소개하거나 도서실에 사탕을 두는 등 찾아오는 교과 교사들과 교류를 넓히려고 노력한다고 했다. 덧붙여 때로는 직접 교실로 찾아가서 책을 소개하기도 하면서 교과 교사뿐 아니라 학생들과도 자연스럽게 가까워지려는 작지만 다양한 노력이 필요하다고 했다.

프로스트중학교에서 8년 동안 정치·경제교사로 근무하고 있는 제임스 오스본드는 생활지도도 함께 맡고 있는데, 대니엘의 말을 잠잠히 듣고 있다가 '교과 교사가 보기에 사서교사는 도서관이 가지고 있는 정보에 쉽게 다가가도록 돕는 역할을 한다'고 도서관 협력 수업에 대해 한마디 했다.

교과 교사는 프로젝트나 리서치 수업이 있으면 사서교사와 미리 논의하고, 사서교사는 수업에 도움을 주는 책과 웹 사이트를 모두 찾아 주며 서로 협력하여 수업을 진행한단다. 결국 교과 교사와 사서교사 모두 다양한 정보를 학생들에게 제공하는 역할을

기둥을 가운데 두고 컴퓨터를 놓아 공간 활용이 돋보인다.

함으로써 학생들이 스스로 공부하는 '자기 주도적 학습'을 할 수 있도록 지원하고 있었다.

자기 주도적 학습을 지원하는 편안한 학교도서관

대니엘이 밝힌 사서교사가 가져야 할 궁극적인 목표는 학생들이 자신을 믿고 따라오게 하는 것인데, 그녀는 진심 어린 태도와 가르침에 대한 열정이 있으면 학생들이 알아차리고 다가온다고 믿고 있었다. 또 도서관에 학생이 있으면 교사들도 도서관으로 와서 수업을 하려고 하기 때문에 학생들이 도서관을 편안한 공간으로 생각하게끔 만들려고 노력한다고 했다. 실제로 프로스트중학교 도서관 입구는 학교에 들어서면 바로 보여 접근성이 높고 도서관 전면이 유리로 되어 있어 밝고 쾌적할 뿐 아니라 안락한 소파가 군데군데 놓여 있어 학생들이 편안하게 이용할 수 있는 공간이었다.

대니엘은 사서교사의 역할 중 50퍼센트는 교과 교사와 협력하여 수업을 진행하는 것이고, 20퍼센트는 컴퓨터 사용이나 사이트 이용 방법 등 정보를 활용하는 법을 가르치는 것이며, 30퍼센트는 신간 구매, 도서 등록, 대출 등 도서관 운영이라고 밝혔다. 학교도서관이 어떤 역할을 하고 있으며 앞으로 어떤 것을 지향해야 할지를 분명하게 보여 주는 말이다. 정보 및 그 이용에 대한 전문적인 능력을 가진 사서교사가 도서관에 있는 자료를 이용하여 교

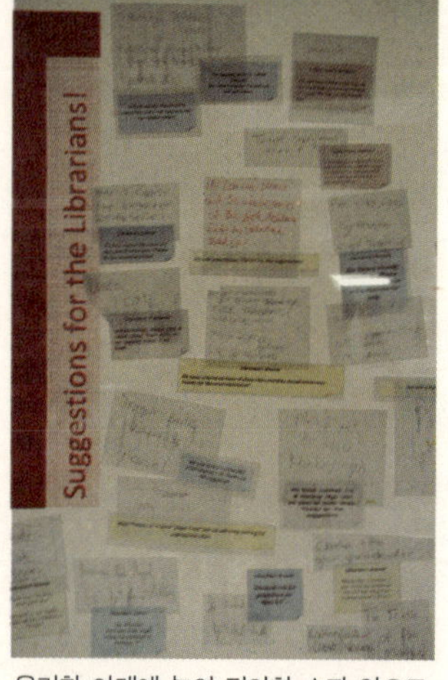

유리창 아래에 놓인 편안한 소파 앞으로 커다란 화분이 군데군데 놓여 있다(위). 도서관 안쪽 벽에는 사서교사에게 건의하는 학교 공동체의 여러 목소리가 제안으로 담겨 있다(아래).

과 교사와 함께 수업을 진행하면, 수업 내용은 더욱 풍부해질 뿐 아니라 학생 개개인이 가진 개성을 살려 주고 스스로 찾아가며 공부하는 재미를 길러 줄 수 있겠다 싶었다.

그런데 프로스트중학교도 학교도서관에 대한 예산이 점점 삭감되는 추세라 미국에 있는 다른 공공도서관과 마찬가지로 운영에 어려움을 겪고 있었다. 2010년 예산은 전 해 2만 4천달러에서 1만 4,500달러로 줄었다고 한다. 하지만 대니엘은 예산이 부족해도 자신이 하는 일과 도서관이 해야 할 역할은 변함없다고 씩씩하게 말했다.

대니엘은 프로젝트 수업이나 리서치에서 학생들을 도와주었을 때 가장 큰 보람을 느낀다고 했다. 수수하고 편안한 차림새로 도서관을 열심히 소개하는 모습과 우리 질문에 진지하고 막힘없이 대답하는 모습에서 자기 일을 사랑하는 사람만이 가질 수 있는 빛나는 긍지를 엿볼 수 있어 감동적이었다.

복도 벽에는 학생들의 수업 결과물을 전시해 두었다.

교과 교사와 협력 수업을 할 때 사서교사는 평가에 관여하지 않으나 학생 개개인에 대한 정보를 교과 교사에게 제공한다. 평가할 때는 교육에서 궁극적인 목표가 아닌 과정이 중요하다는 것을 교과 교사나 사서교사 모두 알고 있기 때문에 학생이 수업에 얼마나 성실하게 참여하는가를 본다고 했다.

교실 벽에 붙여 놓은 학생들이 만들어 낸 수업 결과물은 내가 보기에도 수준이 들쭉날쭉했지만 잘한 것, 못한 것 가리지 않고 붙여 놓은 것을 보니 정말 결과보다는 수업 과정을 중요하게 여기고 학생 한 사람 한 사람을 매우 소중하게 대한다는 것이 느껴

학생들이 이동하는 통로 곳곳에서 볼 수 있는 다양한 수업 결과물들.

졌다. 학생들 또한 교사들이 제공해 주는 다양한 정보와 자료를 찾아다니며 스스로 공부해 나가는 과정을 통해 자기 주도적 학습을 체득하게 되고 잠재된 가능성을 열고 꿈을 키우게 될 것이다.

학생 개개인에게 성취와 성장을 격려하는 수업이나 평가는 교사가 담당하는 학생 수가 적고 학생들이 배우는 과목이 적으며 교과 교실제 운영이 전제되어야 할 것이다. 프로스트중학교는 7학년인 경우 한 학기에 영어, 미국사, 수학, 체육 네 과목을 필수 과목으로 공부하고, 말하기 극장 예술Speech and Theatre Arts, 이탈리아어 강화Italian Enrichment, 컴퓨터 솔루션Computer Solutions, 가족 및 소비자 과학 7Family and Consumer Science 7, 디지털 입력 기술 Digital Input Tech, 기술 탐험 7Technology Exploration 7, 예술 입문 Introductory Art, 창조적 글쓰기Creative Writing 과목들을 선택해서 배우고 있다. 또 밴드, 관현악, 합창 세 과목은 한 해 과정으로 배우고 있다.

프로스트중학교 교실.

도서관은 하루나 이틀 전에 신청하면 누구나 이용할 수 있는데 그 전에 도서관과 정보 이용에 대해 처음부터 각인되도록 철저하게 교육한다. 프로젝트 수업에서 리서치 방법을 가르칠 때는 필요한 정보를 5개 정도 찾을 경우 2개는 책에서, 1개는 참고 문헌(사전, 정기간행물 등)에서 나머지 2개는 온라인을 이용하여 찾도록 교육하고 있다.

그런데 프로스트중학교 도서관 수업 첫날은 반드시 책에서 필요한 정보를 찾도록 교육한다고 한다. 학생들은 첫날 책에서 정보를 찾으면 다음 날도 책을 이용하는 경향이 있기 때문이란다. 또한, 정보를 취득하는 세 가지 중요한 방법은 책, 참고 문헌, 온라인 자료, 이 세 가지가 합쳐져야 훌륭한 정보를 얻을 수 있다는 것을 강조하면서 저작권에 대한 교육도 철저히 실시한다고 했다.

수년 전 우리나라도 학교마다 도서관을 새로 짓거나 리모델링하면서 열람실에 검색용 컴퓨터를 여러 대 들여놓았었다. 그런데 시간이 지날수록 컴퓨터 관리가 어려워져 내가 근무하던 학교에서는 도서실에 있던 컴퓨터를 아예 컴퓨터실로 옮겼었다. 미국 학교도서관을 탐방하면서 도서실에 컴퓨터가 왜 있어야 하는지 분명하게 알게 되었으니 관리할 인력도 배치하지 않은 채 시작했던 리모델링 사업이 그 목적을 달성했는지 철저하게 점검해 보아야 할 일이다.

도서관에는 협력 수업을 함께 진행할 사서교사가 반드시 필요

3단계(super 3)	6단계(big 6)	12단계(little 12)
시작(계획)	과제 정의	과업 혹은 정보 과제 확인
		정보 요구 확인
	정보 탐색 전략 수립	가능한 정보원의 범위 결정
		정보원 평가와 우선순위 확인
중간(실행)	정보 소재 확인 및 접근	지적, 물리적인 정보 탐색
		정보원 안에서 정보 탐색
	정보 이용	정보와의 상호작용(읽기, 듣기, 보기 등)
		정보원으로부터 정보 추출
종료(반성)	정보 종합	여러 정보원으로부터 정보 조직
		정보 표현
	정보 평가	결과물 평가(효과)
		정보 과제 해결 과정 평가(효율성)

하며, 변하는 시대의 흐름에 맞춰 정보검색에 필요한 컴퓨터가 필수적이다. 그리고 무엇보다 학생들에게 정보를 이용하는 올바른 방법을 여러 차례 가르치고 자료의 저작권이 어떤 의미를 가지고 있으며 자료를 어떻게 사용해야 하는지 분명하게 인식시킬 필요가 있다.

서울에 있는 중학교에서는 아직 정규 사서교사를 채용할 계획이 없으니, 전문적인 사서교사가 절대적으로 부족한 현실에서 정보 이용 교육이며 협력 수업을 어떻게 진행하며 학생들에게서 자기 주도적 학습을 어떻게 이끌어 낼 수 있을지, 또 어떻게 창의적인 수업으로 바꾸어 나갈 수 있을지 고민이다. 그렇지만 예산과 인력이 줄어도 도서관과 교육에 대한 열정만은 줄지 않는 사서교사 대니엘을 보며 다시금 용기를 내 본다.

프로스트중학교에서는 학생들이 도서관에 오면 미리 20분 정도 정보 활용 방법을 가르치고 웹에 대한 가이드라인을 교과 교사와 함께 정해 준단다. 학생들에게 가르치는 정보 활용 과정은 'Big 6 Skill'로 구성되어 있다.

도서관을 이용한 다양한 협력 수업

도서관 협력 수업은 반드시 해야 한다고 정해져 있는 것은 아니다. 주로 영어나 역사 교과에서 하는데 수학이나 과학 교과도 아이디어가 떠오르면 쉽게 진행할 수 있다. 예를 들어 수학 시간에 '기름 값이 오르는 이유는?' 이라는 프로젝트를 진행하면 도서관에 있는 정보와 자료를 이용하여 그래프를 그리고 통계를 내는 수업을 할 수 있다. 이를 보니 여러 과목에서 도서관을 활용하여 생기 넘치는 수업을 하면 좋겠다는 생각을 해 보았다.

프로스트중학교는 학교 전체가 종이를 없애자는 추세로 수업 안내와 과제 안내 및 제출 그리고 평가까지 대부분 컴퓨터로 이루어진다. 교사가 온라인으로 수업 자료를 나누어

복도 한쪽에서 만난 상패들.

주면 학생들은 학생증으로 학교 홈페이지에 들어가서 확인한다.
각 교과 교사마다 개인 사이트를 운영하고 사서교사 역시 학교
홈페이지와 연결된 도서관 사이트를 관리하고 있었다. 사서교사
는 협력 수업을 진행할 때 아무 웹 사이트나 들어가지 못하도록
교과 교사와 미리 의논해서 20개 정도로 선별해 알려 준단다.

예를 들어 8학년 영어 우등반과 협력 수업을 진행할 때 교과
교사가 학생들에게 '학교 식당의 메뉴를 만드시오'라는 주제를
주면 사서교사는 학생들에게 건강과 음식에 대한 사이트와 관련
도서를 미리 안내해 준다. 학생들은 맥도날드나 웬디스 같은 햄
버거 회사의 사이트를 조사하면서 '빅맥'이 어떤 영양 성분을 가
졌는지 알게 되고, 《맛있는 햄버거의 무서운 이야기》나, 《육식의
종말》을 읽고 육식 중심으로 이루어진 식단이 건강에 어떤 영향
을 미치는지 알게 된다. 더불어 가축을 대량 사육할 때 야기되는
환경문제나 식량문제에 대해 한 번쯤 생각하게 되는 것은 이런
수업에서 얻게 되는 부수적인 효과다.

자원봉사자의 지원으로 더욱 풍성한 도서관

사서교사가 수업을 협력하고 정보 활용 교육을 하는 동안 도서
관 운영은 학생과 학부모로 구성된 자원봉사자가 돕는다고 했다.
학생 봉사자들은 신간 도서에 라벨을 붙이는 섬세한 작업부터 대
출과 반납, 서가 정리 등을 하고, 이에 대해 학교는 봉사 시간을

부여해 준단다. 자원봉사자들은 사서교사와 함께 한 해에 두 번 '북 페어' 행사를 여는데 크리스마스를 앞두고는 다양한 책을 소개하고 판매하는 행사를, 봄에는 독서 포스트를 만들어 전시하거나 학용품 및 책갈피를 판매하는 행사를 열고 있다고 했다.

학부모 또한 학교에서 자신이 할 수 있는 일을 찾아 봉사하고 있었다. 미숙 헤어는 통역으로 한국 유학생을 돕는 일뿐 아니라, 도서관에서 영어 책을 한국어로 번역하는 일을 하고 있었다. 또 우리가 방문한 시간 내내 도서관에서 한 자리를 차지하고 한 학생과 공부하고 있던 은발 신사 역시, 일주일에 세 번 학교에 나와 부진 학생을 지도하는 봉사 활동 중이란다. 버지니아 주에서는 부진한 학생을 낙제시키지 않고 일정한 시간 동안 보충수업을 듣게 한 후, 시간을 채우면 진급하는 제도를 두고 있는데, 은발 신사는 은퇴한 수학교사로서 자발적으로 학교에 나와 부진 학생을 지도하여 그 학생이 유급하지 않고 진급할 수 있도록 돕고 있었다. 도서관이라는 공간 안에서 학교와 학부모, 지역 주민이 서로 문을 활짝 열고 아이들의 성장을 격려하는 모습이 아름다웠다.

프로스트중학교에서 배운 학교의 존재 이유

프로스트중학교는 방과 후에 다양한 클럽을 활발하게 운영하고 있었다.[5] 학교에서 방과 후 활동을 많이 하는 이유는, 학교는 학생들을 보호해야 하기 때문으로 일찍 수업을 마친 학생들이 마음 놓고 안전하게 활동할 수 있는 공간을 마련해 주어 다양한 활동을 펼치게 하는 것이다.

매일 방과 후에 100여 명이 학교도서관에 들러 방과 후 활동을 하거나 숙제를 한다. 도서관을 이용하는 방과 후 클럽(동아리)은 매주 금요일에 활동하는 일본 만화 읽기 클럽, 단편영화를 찍어 도서관에 있는 컴퓨터로 편집하고 시상하는 비디오 콘테스트 클럽 등이 있다. 그리고 도서관에서는 일 년에 한 번 작가와 만나는 시간도 진행하고 있다고 했다. 2010년에는 페어팩스 카운티에 있는 조지메이슨대학과 협력하여 《치안 방해 Breach of Peace》의 저자 에릭 에테리지언론인이자 사진가이다.와 간담회를 가졌고, 2011년 4월에는 크리스 브래드퍼드저자이자 전문 음악가이자 무술 유단자이다.를 초청할 예정이란다.

프로스트중학교 도서관은 협력 수업 외에도 도서관 공간을 활용하여 다양한 행사를 진행하고 있었다. 도서관 홈페이지에 나와 있는 〈Event Calendar 2010 – 2011〉를 보면, '저자와의 만남', '독서주간', '봄·가을 도서전', '국립도서관 주간', '방학 중 권장 도서 목록 안내' 등이 학교 자체적으로 또는 공공도서관과 연계하여 학생들에게 독서를 권장하고 책에 대한 흥미를 유도하고 있었다.

도서관은 지식과 정보를 얻는 동시에 휴식과 나눔을 위한 공간이기도 하다. 새 학년을 시작하는 1학기 초가 되면 도서관도 전년도 운영을 평가하여 학생들의 참여가 높았던 사업을 참고하여 새로운 운영 계획을 짠다. 학교도서관은 다양한 월별 행사를 준비

학교의 홍보 벽보를 보면 방과 후에 어떤 클럽이 어떤 활동을 하는지 알 수 있
다(위).
만화만 한곳에 모아둔 서가. 일본 만화 읽기반 같은 방과 후 동아리가 활용한
다(아래).

해 놓고 학생들을 부르고 맞이하는데 관계 맺기에 서투른 학생들도 도서관 행사에 적극 참여하는 경우가 많다.

학교도서관에서 할 수 있는 행사 중에 '사랑의 우체통'이 있다. 학생이 자기가 좋아하는 책 속의 한 구절을 쓰거나 책의 내용을 요약해 엽서나 편지에 써서 사서교사에게 내면 사서교사가 그 학생이 원하는 친구나 교사에게 전달해 주는 것이다. 도서관과 책을 사이에 두고 관계 맺기를 도와주는 일은 학생이 꾸준히 책을 읽고 책을 매개로 하여 자신을 살피고 다른 세계로 나아가는 디딤돌이 된다.

학교도서관은 책을 뒤적이며 미래를 그려 가는 학생들을 만날 수 있는 곳이고, 아이들에게 잠재된 가능성을 발견하게 하고 꿈을 꿀 수 있게 돕는 교사가 있는 곳이며, 학생과 교사가 머리를 맞대고 다양한 자료를 바탕으로 '자기 주도적 학습'을 이루어 가는 곳이다. 스스로 탐구하면서 읽고 정리한 생각을 자기 것으로 만들어 나가는 수업이 이루어지

프로스트중학교는 방과 후에 다양한 클럽을 활발하게 운영하고 있다. 복도에 붙어 있는 방과 후 클럽 홍보 벽보(위). 'RFF' 동아리의 홍보 벽보. 방과 후는 물론 일과 전에도 동아리 활동을 한다(아래).

는 도서관은 미국 버지니아 주 프로스트중학교에서도 만날 수 있었다.

학교도서관은 다양한 경험의 기회가 많지 않은 우리 아이들에게 여러 가지 기회를 제공하여 자신의 꿈을 탐색하고 발견하게 해 주는 최적의 장소이다. 서가 정리나 대출, 반납 같은 직접적인 봉사 활동을 할 수 있고 여행서를 읽으며 저자와 함께 여행지를 떠도는 간접 경험도 할 수 있다. 친구들과 밤새워 책을 읽으며 속닥거릴 수도 있고 문학작품을 원작으로 한 영화를 볼 수도 있다.

학교도서관은 소설과 수필, 시 같은 문학작품과 참고 도서들, 그리고 최신 IT기기를 통해 세상을 만나고 소통할 수 있는 곳이다. 무엇보다 다른 사람이 느끼는 여러 가지 감정을 공감하며 같이 느낄 줄 아는 진정한 지성인을 기르는 공간이다.

소개합니다

학교 위치_4101 Pickett Rd Fairfax, VA 22032
연락처_(703)426-5700
홈페이지_http://www.fcps.edu/FrostMS/index.html

버지니아 주 페어팩스 카운티 남동쪽에 위치하고 있으며, 공립학교이다. 미국에서 가장 좋은 학군으로 알려져 있어 교육 여건도 좋고, 좋은 공립학교들도 많아 학생당 평균 교육비 지출은 1만 3,015달러《미국 8학군 페어팩스의 열성 부모들》(김경하, 사람in, 2009.)로 교육열이 높다. 이 지역에 속한 프로스트중학교는 특수교육과 영재교육을 하며, 방과 후 교육으로 교과 학습 외 다양한 활동을 펼치고 있다. 그리고 지역사회와 긴밀한 연관을 지닐 수 있도록 지역사회 봉사 활동도 실시한다.

독서 토론 수업을 진행하다

김정숙 • 서울 전동중 교사

공감력을 기르는 독서 토론 수업

독서 토론 수업의 목적은 독서를 통해 자신의 생각을 키우고 다른 이의 다양한 생각과 의견을 들으며 폭넓은 사고력을 기른다는 데 있다. 이를 통해 내가 아닌 다른 사람에 대한 공감력을 갖게 하고 세상을 보는 안목을 크게 함과 더불어 비판력과 말하기 능력, 듣기 능력도 신장시킬 수 있다.

수업 중에 하는 독서 토론의 교재로는 교과서에 실린 작품이 중심이 되거나 독서 시간에 가장 많이 읽은 책을 활용한다. 서울 신도림중학교에서 근무하던 당시에 수업한 중학교 3학년의 경우《원미동 사람들》중 '일용할 양식' 부분을 발췌했고, 《시집가는 날》,《운수 좋은 날》,《난장이가 쏘아올린 작은 공》으로 정했다. 관심 있는 책을 선정한 모둠에 들어가거나 교사가 직접 인원을 배분하는 방법으로 8명을 기준으로 모둠을 짜고 책을 읽게 했다. 토론은 한 모둠이 하지만, 모든 학생이 책을 읽는 것을 원칙으로 하기 때문에 한 교재당 2시간씩 배정하여 전체 8차시로 진행했다.

모든 학생은 직접 토론 참여 1회, 다른 모둠의 토론 내용 3회분을 경청하는데, 1시간 교재를 다 같이 읽고 1시간 토론하며, 이때 토론자들은 도서관에서 토론 교재와 관련한 다양한 자료를 찾아 미리 주제를 3가지 정도 정해 놓는다. 그리고 토론 주제는 토론 시간 전에 칠판에 미리 기록해 놓는다. 가능하면 모둠원들이 먼저 만나 토론을 해 본다면, 원활한 토론이 된다는 것을 지도한다. 교실 앞이나 중앙에 토론 광장을 만들고 토론자들은 의자를 가지고 나와 찬반으로 나눠 둘러앉아 사회자를 정해 순서대로 토론을 진행하되 사회자도 토론에 참여하여 자기 의견을 말하고 각 주제별로 토론이 끝나면 사회자가 결과를 정리한다. 관객들은 토론에서 나온 이야기들을 잘 들으며 요점을 중심으로 독서 공책에 기록한다. 또 토론 중간에 참여할 시간이 주어지면 질문을 하거나 의견을 제시할 수도 있다.

이런 과정을 거쳐 토론이 끝나면 내가 10점을 만점으로 하여 모둠 점수와 개인 점수를 합산해 평가를 했다. 모둠 점수는 토론 주제에 맞게 다양한 의견을 제시하여 활발한 토론을 했는지, 또 모둠원 골고루 발표하였는지를 봤고, 개인 점수는 자기의 의견과 상대방의 의견에 대한 반박을 조리 있게 큰 소리로 발표했는지를 봤다. 개인 점수는 내용이 있는 발언 횟수와 독서 공책에 기록하는 과정을 중요하게 평가했다. 토론 수업의 교재는 지필 평가의 출제 범위에도 포함시켜 아이들이 좀 더 관심을 가지고 토론에 참여하게 했다.

생각을 키우는 독서 시간

중등 1, 2학년은 국어 시간 중 한 시간, 3학년은 창의 재량 시간을 활용하여 모든 반이 한 주에 한 시간씩 도서관에서 독서 수업을 진행했다. 우선 새 학기 시작 전 미리 수업계에 부탁하여 시간이 겹치지 않게 도서관 독서 수업 시간표를 짰다.

3학년은 책 읽기를 기본으로 작품 분석하기, 독후감 쓰기 및 독서 퀴즈 만들기를 과제로 줬고, 작품 분석은 3회 진행하는데 다섯 편의 필독 작품을 감상하고 그중 세 개 작품을 선택해서 분석하게 했다. 역시 교과서의 작품을 중심으로 《홍길동전》,《올리버 트위스트》,《수난이대》,《우리들의 일그러진 영웅》,《완득이》를 골라, 이 책들을 도서관에 준비해 놓았다. 학생들에게 작품을 읽고 정해진 양식에 따라 한 작품당 한 쪽 정도 분량으로 독서 공책에 작성하게 하는데 그 내용으로 작품의 사회적·문화적 배경, 작품을 읽고 느낀 점, 그리고 작가 또는 등장인물에게 하고 싶은 말 등을 정해 줬다. 독후감 쓰기 및 독서 퀴즈 만들기는 필독 작품 중 작품 분석을 하지 않은 두 작품의 독후감 쓰기 2회와 자유 독서 후 독서 퀴즈 만들기 2회로 진행했다. 독서 수업 시간 전에 미리 책을 읽고 모든 활동은 도서관에서 진행하는 독서 시간 내에 하고 수업이 끝나면 반드시 독서 공책을 제출하게 했다.

수업 시간에 따로 시간을 잡아 진행하는 독서 토론 수업은 학생들의 참여율이 매우 높다. 한 모둠씩 토론 광장에 나와서 발표하므로 토론하는 모습을 보고 듣는 것이 비판력을 기르는 데 도움이 되었다는 반응이 많았다. 도서실에서 진행하는 독서 수업은 작품과 작가를 분석하는 단계까지 나아갈 수 있어 독후 활동이 좀 더 심도 있게 이루어졌다. 학생들은 독서와 교과서의 학습 목표를 연계하여 독서를 통한 자기주도적 학습을 시작하게 되었다고 평가했다.

국어, 도서관에서 수업하다

송경영 • 서울 신림중 교사

나는 교과서에 의존하던 수업 방식을 바꾸어 도서관에 있는 다양한 책들과 인터넷 웹 자료를 활용하여 모둠별로 또는 개인적으로 탐구하게 하는 수업을 구상해 왔다. 그래서 몇 년 전부터 주당 4시간의 국어 수업 중 2시간을 연강으로 시간표를 짜서 도서관에서 수업을 진행하고 있다. 그동안 실시했던 도서관 활용 수업 내용을 갈래별로 소개한다.

▪ 시
- 시 한 편을 찾아 모둠별로 토론하여 시를 분석해 본다.
- 도서관에 있는 시집을 찾아 읽고 가장 마음에 드는 작품을 옮겨 적은 후 분석하고 감상을 쓴다.
- 마음에 드는 시를 종이에 옮겨 적은 후 시화를 그린다.
- 학급 시집으로 묶어 낸다.
- 시를 창작한 후 배경음악을 정해 시 낭송을 한다.
- 창작 시를 영상 시로 만들어 보여 준다.
- 시집을 읽고 독후감을 쓴다.
- 마음에 드는 시인의 작품을 묶어 나만의 시집을 만든다.
- 주제별로 시를 묶어 시집을 만든다.
- 주제별로 마음에 드는 시를 찾아 적고 시화를 그려 시집을 만든다.
- 시인 탐구 보고서를 쓴다.

▪ 수필
- 도서관에 있는 수필집을 읽고 마음에 드는 작품을 정해 감상을 쓴다.
- 생활 주변에서 찾은 소재로 수필을 써서 친구들과 돌려 읽고, 서로 한 줄씩 감상을 써 준다.

- 주제가 같은 수필을 골라 읽고 비교해 본다.

- 수필을 읽고 같은 주제나 소재로 수필을 써 본다.

- 소재가 같은 수필을 골라 읽고 비교한다.

■ 기행문

- 도서관에 있는 여행기를 읽고 감상을 쓴다.

- 내가 여행하고 싶은 곳을 정해 탐구한 후 보고서를 쓴다.

- 내가 여행하고 싶은 곳을 정해 여행 계획서를 작성하여 친구들 앞에서 보조 자료(사진 자료, PPT 등)를 사용하여 말한다.

■ 전기문

- 도서관에 있는 위인전을 읽고 위인의 일생을 요약한 후 감상을 적는다.

- 모둠별로 위인의 일생을 몇 장면으로 나눈다.

- 장면을 그려 그림책으로 만들어 본다.

- 할아버지, 할머니, 아버지, 어머니 중 한 분의 일생을 조사한 후 전기문을 써 본다.

- 나의 자서전을 써 본다.

- 시대가 같은 두 위인의 삶을 비교해 본다.

- 비슷한 분야에서 업적을 남긴 두 위인의 삶과 태도를 비교·내소해 본나.

■ 소설

- 도서관에 있는 단편소설집을 읽으며 마음에 드는 작품을 정해 줄거리를 요약하고 감상을 쓴다.

- 소설 한 편을 골라 등장인물들을 분석한다.

- 시대적 배경이 같은 소설을 읽고 비교한다.

- 소설 두 작품을 읽고 인물 유형과 시대적 배경 등을 분석한다.

- 마음에 드는 소설 한 편을 골라 패러디 소설을 써 본다.

- 소설을 읽고 뒷이야기를 바꿔 써 본다.

- 생활 주변에서 찾은 소재로 단편소설을 써 본다.

■ 희곡, 시나리오
- 도서관에 있는 희곡집을 읽고 감상을 쓴다.
- 생활 주변에서 소재를 찾아 모둠별로 희곡을 써서 연극으로 공연한다.
- 모둠별로 시나리오를 쓴 후 감독, 스태프, 배우 등 역할을 정하고 스마트폰이나
  디지털카메라, 비디오카메라로 촬영하여 영화를 만들어 상영한다.

■ 논설문
- 도서관에 있는 자료 중 논설문을 찾아 읽고 주장과 근거를 찾아 쓴다.
- 주제를 정해 주장에 대한 찬성과 반대 입장에 대한 이유와 근거들을 모은다(책,
  웹 자료 등).
- 찬반 토론을 진행한 후 각자 입장을 정해 논설문으로 써 본다.
- 친구들과 돌려 읽으며 격려하고 고쳐 써 본다.

■ 설명문
- 도서관에 있는 자료 중 설명문 찾아 읽고 중심 내용을 요약한다.
- 주제를 정해 도서관에 있는 책과 웹 자료를 이용하여 설명문을 써 본다.

■ 보고서
- 내가 존경하는 인물에 대한 탐구 프로젝트를 진행한 후 보고서를 쓴다.
- 나의 진로나 직업에 관한 탐구 프로젝트를 진행한 후 보고서를 쓴다.
- 청소년이 많이 사용하는 비속어, 은어, 유행어를 조사한 후 보고서를 쓴다.

내가 가르쳤던 봉림중학교 1학년과 3학년 국어과 수행평가 비중은 40퍼센트로
말하기와 듣기 40점, 쓰기 40점, 독서 활동 20점을 부여하고 있다.
1학년의 경우 말하기와 듣기 수행평가는 '내가 존경하는 인물 탐구하여 말하기'
와 '내가 좋아하는 영화나 그림, 음악을 조사하여 보조 자료를 활용하여 말하기'

를 진행하였고, 쓰기는 '내가 관심 있는 직업 조사 보고서 쓰기'와 '책 만들기' 활동을 하였다. 독서 활동은 매월 읽은 책 중에서 두 권의 책으로 장면화 그리기, 주인공에게 편지 쓰기, 독후감 쓰기 등의 활동을 한 후 평가하였다.

3학년의 경우 말하기와 듣기 수행평가는 '과거와 현재 가정교육의 방법을 조사 비교한 후 미래 나의 가정교육 방법 설계하여 말하기'와 '내 생애 가장 아름다웠던 추억 말하기'를, 쓰기는 '나만의 시집 만들기'와 '진로 탐구 프로젝트 보고서 쓰기'를 진행하였다. 독서 활동은 1학년과 같다.

도서관 활용 수업은 교사의 일방적인 주입식 이론 수업을 벗어나 학생이 주체가 되어 자발적으로 도서관에 있는 책이나 웹 자료를 찾아 읽고 토론하고 탐구하는 수업이다. 도서관에 가면 교실에서는 수업에 수동적이고 관심도 없던 학생들이 생기를 띠고 자기 수준에 맞는 자료를 찾아 읽는 모습을 자주 보게 된다. 또 모둠 활동을 통해 협동 학습이 가능해지므로 학습 능력이 뛰어난 학생들뿐 아니라, 학습 능력이 뒤처진 학생들도 서로 성장하는 기회가 될 수 있다.

세 가지 프로젝트 수업

백화현 • 서울 봉원중 교사

내가 근무하고 있는 봉원중학교 2학년 국어과 수행평가 비중은 45퍼센트이다. 미국이나 캐나다처럼 100퍼센트는 아니지만 한국의 일반 학교 가운데 수행평가 비중이 높은 편이다. 작년까지만 해도 여느 학교들처럼 쓰기(혹은 말하기) 10퍼센트, 독서 활동 10퍼센트, 과정 평가(참여도) 10퍼센트였지만, 북미 도서관 탐방에 다녀온 후 학생들에게 '스스로 배울 수 있는 힘'을 키워 줘야 한다는 마음이 간절해져 '프로젝트 과제' 영역을 하나 더 마련했다. 1학기 중간과 기말, 2학기 중간, 이렇게 3차례에 걸쳐 '프로젝트 수업'을 진행했다. 그 세 개의 내용을 간단히 소개한다.

'시인 탐구' 프로젝트

우리나라 청소년들은 시를 좋아하지도 않거니와 시집을 스스로 빌려서 읽는 일이 매우 드물다. 가수나 대중가요에는 열광하면서도 시를 좋아하지 않는 것은 정서가 메말라서라기보다 시가 그만큼 낯설기 때문일 것이다. 그래서 대뜸 시를 내밀기보다 이야기가 있는 '시인의 삶'을 공부하면서 자연스럽게 시와 만나게 하면 좋을 것 같았다. 2학년 1학기 국어 수업 가운데 '1. 문학의 아름다움' 단원과 관련하여 3차시로 수업을 진행했다.

| 수업 목표
· 시에 대한 관심과 흥미를 높인다.
· 좋아하는 시인을 갖게 한다.
· 스스로 계획하여 공부할 수 있도록 돕는다.
· 탐구심을 기른다.

| 사전 준비

· 수업 시행 2주 전에 프로젝트 수업에 대한 안내를 상세히 한다.[8]
· 도서관에 관련 자료를 구매해 놓는다.

| 수업 활동

· 1차시 : 시인 탐구 계획 세우기

　탐구할 시인 정하기

　프로젝트 수행 계획 세우기/프로젝트 계획서[9] 제출하기

　도서관 수업으로 진행하며, 프로젝트 계획서를 배부한다.

· 2차시(1, 2주 후 실시) : 탐구하기

　관련 책과 자료들을 읽으며 보고서 초안을 작성한다.

　도서관 수업으로 진행하며, 보고서 작성법을 자세히 안내한다.

· 3차시 : 탐구 보고서 제출 및 우수 보고서 발표

　보고서를 제출한다.

　우수 보고서 3~4편을 발표하며 종합 평가한다.

'인물 탐구' 프로젝트

닮고 싶은 롤모델이나 존경하는 인물을 가슴에 품고 살 수 있다는 것은 축복이다. 특히 자신의 정체성과 진로에 대해 고민이 많은 청소년 시기에는 더욱 그렇다. 이 수업은 자신의 롤모델로 삼고 싶은 사람이나 존경하는 인물, 혹은 좀 더 공부해 보고 싶은 작가나 시인 등을 탐구함으로써 스스로 배울 수 있는 힘을 키우고 자아를 새롭게 발견할 수 있는 기회를 제공하고자 기획했다. 2학년 1학기 국어 수업 중 '4. 살아가는 이야기' 단원과 관련하여 3차시로 진행했는데 방식은 시인 탐구 프로젝트 수업과 같다.

| 수업 목표

· 존경하는 인물이나 롤모델을 발견할 수 있게 한다.

· 스스로 계획하여 공부할 수 있도록 돕는다.

· 탐구심을 기른다.

| 사전 준비

· 수업 시행 2주 전에 프로젝트 수업에 대한 안내를 상세히 한다.[10]

· 도서관에 관련 자료를 구매해 놓는다.

| 수업 활동

· 1차시 : 인물 탐구 계획 세우기

  탐구할 인물 정하기

  프로젝트 수행 계획 세우기/프로젝트 계획서[11] 제출하기

  도서관 수업으로 진행하며, 프로젝트 계획서 유인물을 배부한다.

  * 2~3차시는 시인 탐구 수업 프로젝트 수업과 동일하다.

2학기 언어 및 언론 관련 프로젝트

1학기 프로젝트 과제 경험을 통해 스스로 계획을 세우고 실행해 나가는 능력이 얼마큼 형성된 2학기에는 학생들 스스로 프로젝트의 주제와 방법까지 회의를 통해 결정하게 하여 토의 능력과 자율성을 높이고자 했다. 즉, 2학기 교과서 회의하기 단원과 언어 및 언론 관련 단원을 통합하여 그중 원하는 주제와 보고 형태 등을 회의를 통해 결정하게 했다. 마찬가지로 총 3차시로 수업을 진행했다.

| 수업 목표

· 회의를 통해 프로젝트의 주제와 실행 방법을 선택하게 함으로써 탐구자의 권리
  와 책임감을 높인다.

· 스스로 계획하여 공부할 수 있도록 돕는다.
· 탐구심을 기른다.

│ 사전 준비
· 수업 시행 2주 전에 프로젝트 수업에 대한 안내를 상세히 한다.[12]
· 도서관에 관련 자료를 구매해 놓는다.

│ 수업 활동
· 1차시 : 탐구 주제 및 탐구 방법 정하기(학급 회의)
  탐구할 주제 영역 정하기
  탐구 방법 정하기/평가의 방법 정하기
  회의할 내용을 배부한다.

· 2차시(1, 2주 후 실시) : 탐구 계획 세우기
  관련 책과 자료들을 찾아 탐구 계획 세우기
  도서관 수업으로 진행하며, 탐구 계획서를 배부한다.

· 3차시 : 탐구 보고서 제출 및 발표하기
  '발표' 형태를 선택한 사람은 발표하고, 보고서는 제출한다.
  총평한다(발표자뿐 아니라 보고서에 대해서도 총평한다).

더 철저히 준비하여 진행하지 못해 많은 아쉬움이 남았던 프로젝트 수업(과제)이었지만, 의외로 학생들의 반응과 결과는 놀라웠다. 학생들의 탐구 후기에는 '공부하는 것이 이렇게 재미있는 줄 처음 알았다.', '내가 시를 좋아할 수 있게 되다니 기적이다.', '내가 평소에 좋아하던 가수를 탐구할 수 있어서 기분 짱이었다.', '한 사건을 언론이 그렇게 완전히 반대로 얘기하는 것 보고 깜짝 놀랐다. 이제부터는 양쪽을 잘 비교해 봐야겠다.' 등 많은 학생이 강의식 수업 때보다 훨씬 더 열심히 공부하고 스스로 더 많은 성장을 이루었다.

고등학교 도서관 이야기

포트리고등학교 도서관
챈틀리고등학교 도서관
드와이트고등학교 도서관

도서관은 가야 하는 곳이 아니라 꼭 가야 하는 곳이라고 말하면서도
사서교사의 역할이 일반 사서 수준에 머물러 있는 포트리고.
부촌 학교답게 훌륭한 시설, 다양하고 방대한 자료뿐 아니라
'정보 컨설턴트'로 통하는 전문 사서교사들이 있으며,
평생 학습자로 교육한다는 교육철학을 제대로 실천하고 있는 챈틀리고.
'꼭 책이어야 한다'는 생각에서 벗어나
미래로 가는 디지털 도서관을 꿈꾸는 드와이트고.
북미 고등학교 도서관에서 현재와 미래, 그리고 모두를 위한 교육을 찾는다.

포트리고등학교 전경.

북미 초등학교와 중학교 도서관을 탐방하면서 도서관이 학생들과 가까워지기 위해 구체적으로 어떤 프로그램을 하고 있는지, 사서교사의 협력 수업이 실제 진행되고 있는 구체적인 안이 어떠한지를 볼 수 있었다. 하지만 이보다 '학교의 심장'으로 자리매김하고 있는 학교도서관과 그 역할을 다하도록 방향키를 잡아 주는 교장 선생님의 철학을, 그리고 도서관을 살아 펄떡거리는 공간으로 채워 가는 사서교사의 열정을 마주할 때마다 우리의 가능성도 엿볼 수 있는 시간이었다.

포트리고등학교를 방문하는 날, 전날 밤부터 날리던 눈발이 아침에도 계속되어 8시 30분으로 잡혀 있던 인터뷰 시간이 10시 30분으로 미루어졌다. 북미 도서관 여행 준비 과정에서 극한 상황을 연출했던 시나리오가 실제 펼쳐진 거다. 미국은 눈이 조금만 와도 안전을 위해 수업을 연기하거나 휴교를 한단다. 눈이 예고된 날은 아침 티브이 정규 방송 중에 각 학교 일정을 자막으로 안내하는데, 학생이나 선생님은 그 일정에 따른다고 한다. 가이드가 하는 말에서 여기는 미국이고, 한국과 다르다는 사실을 분명히 하고 싶어 하는 어감이 느껴졌다.

지난 9월 태풍 '콘파스'에도 아랑곳하지 않고 등교해야 했던 일을 떠올리면, 이 정도 눈길은 겨울에 일어날 수 있는 극히 일반

적 상황이라 여겨졌다. 그러나 미국은 '안전'을 최우선으로 여기
니 자칫 휴교를 하게 되면 인터뷰가 취소될지도 모른단다. '죽더
라도 학교에 가서'라는 말이 문화가 되어 있는 우리로서는 이해
하기 힘든 상황이지만, 개인이 가진 권리가 존중받는 사회라는
생각에 더해 원칙을 지켜 나가는 힘이 미국을 움직이고 있는 힘
이라는 생각도 들었다.

조지안풍의 외관이 멋진 포트리고등학교

뉴저지 주 21개 카운티 중 가장 학군이 좋은 베르겐 카운티에
있는 도시 포트 리Fort lee는 독립 전쟁 당시 요새Fort를 쌓아 영국
군으로부터 뉴욕을 방어한 공이 컸던 찰스 리Lee 장군을 기념하
기 위해 이름이 붙여진 곳으로 허드슨 강을 사이에 두고 뉴욕과
마주하고 있는 뉴저지 제일의 한인 밀집 지역이다. 이곳에 포트
리고등학교가 있다.

포트리고등학교 학생을 인종별로 살펴보면 전체 학생 수 1,098
명 중 백인은 449명(40.9퍼센트), 아프리카 아메리카인은 34명(3.1
퍼센트), 아시아인은 430명(39.17퍼센트), 히스패닉계인은 189명
(17.22퍼센트)으로 주로 백인과 아시아인이다.

1916년에 개교한 포트리고등학교는 1980년에 재건축되었다.
붉은 벽돌로 된 건물 세 동이 연결되어 규모가 크다. 흩날리는 눈
발 사이로 건물 중앙에 솟아 있는 시계탑이 보였다. 눈이 녹아 질

가까이에서 본 건물 입구는 마치 박물관을 연상케 한다.

학교를 빛낸 학생들의 사진과 우승컵을 전시한 진열장은 포트리고등학교의 자랑거리다.

픽거리는 길을 걸어가는 순간까지 손에 쥐었던 긴장감이 페디먼트 - 그리스 신전의 정면에 나타나는 특징으로 기둥으로 받쳐진 지붕이 있는 현관 - 로 된 건물 입구가 가까워지면서 풀리더니 반원형의 채광창 아래에 있는 붉은색 출입문을 보는 순간 묘한 설렘으로 바뀌었다. 페디먼트 현관, 시계탑, 건물 앞의 오래된 나무, 마치 박물관에 들어서는 것 같아 학교에 대한 기대감을 한층 고조시켰다. 허락받은 인터뷰 시간이 짧아 멋진 학교 정경을 제대로 감상하지 못한 아쉬움을 남긴 채 붉은 문 안으로 빨리듯이 들어섰다.

우리를 맞이해 주신 분은 프리실라 교장 선생님이다. 들어서자마자 양쪽 벽면에 학교를 빛낸 학생들의 사진과 클럽 활동에서 우수함을 뽐낸 선수들의 기사, 우승 트로피를 진열한 장식장이 자랑스럽게 우리를 반겼다. 외관의 아름다움에 설렘과 기대가 너무 컸나? 예전의 위용을 드러내고 싶어 잔뜩 폼을 잡고 있는 오래된 시골 학교가 연상되어 떨떠름했다.

교장 선생님은 뉴저지 주에서 정한 교육목표가 '평생교육'이라면서 "배움이라는 자세를 자랑스럽게 생각하고, 위축되지 않으며 평생 새로운 것을 안다는 것에 조금이라도 가까이 갈 수 있는 지성인을 만드는 게 교육목표입니다."라고 말했다. 그러면서 "도서관은 지식이 모여 있는 곳으로 지적 욕구를 추구하고 만족시켜 주는 곳입니다."라고 덧붙였다. 특히 정보를 찾을 수 있는 수단-책이나 컴퓨터-이 있기 때문에 도서관은 교육목표를 실현하기 위해 도와주는 역할을 한다고 했다.

우리나라 '평생교육'은 학교 정규 교육과정을 제외하고 성인을 대상으로 하는 교육 활동으로 제한하고 있다. 반면에 미국은 일반 고등학교 교육과정에 일반 교과목과 같은 비중으로 문화, 예술교육을 편성하고 있고, 학생 스스로 자기 진로에 적합한 교과목을 선택하게 함으로써 직업 경험도 중요한 교육이라 여기고 있다.

이러한 직업교육에 대한 생각으로 직업에 대한 편견이 크지 않고 대학에 들어가지 못하더라도 실패한 인생이라고 생각하지 않는다. 오히려 대학 입시에 크게 영향을 주는 것은 방과 후 학교 프로그램After School이다. 학생들 대부분은 방과 후에 스포츠나 댄스, 체스 등 비교과 과목에 더 비중을 두고 있고, 학생들이 원할 경우에는 보충수업과 개인교수도 가능하다고 한다. 이러한 이유에서인가. 2005년 미국 뉴잉글랜드의 코네티컷 주에서는 고등학생들의 학력을 끌어올리기 위한 교육개혁을 시행하려다 '교육 선택권을 제한한다' 며 학부모, 학생, 교사 들이 반대하여 개혁안이 수정되기도 했다.

미국 고등학교가 대학 진학에 목표를 둔 입시 교육이라기보다 대학으로 진로를 정하든 취직을 위한 직업을 선택하든 지성인으로 생활하기 위한 바탕을 학교교육이 담당하고 있음을 알 수 있었다. 도서관이 입시를 위한 방편으로 독서 관련 시스템을 지원하는 공간이 아니라 책과 공유하는 공간으로서 정보를 활용하는 능력을 키워 주는 것이 평생 학습으로 가는 바탕이며, '도서관이 가장 중요하다' 고 인식하고 있다는 점이 우리나라 일반적인 고등학교 교장 선생님과는 달라 보였다.

교육적 효과가 있다는 믿음으로 도서관을 지원하다

요즘 미국은 교실에서 하는 단순한 수업 형태가 정보 매체를 활용하는 수업 형태로 바뀌면서 모든 교과목 선생님이 도서관을 이용하여 수업할 수 있도록 적극 권장하고 있다. 이는 굳이 매체를 이용하지 않더라도 도서관에서 수업한다는 자체만으로도 교육적 효과가 있다고 믿고 있기 때문이다. 프리실라 교장 선생님 역시 그러한 믿음으로 도서관을 적극 지원하고 있었다.

미국은 현재 학업성적이 부진하다는 이유로 교육정책에 문제가 제기되고 있고, 금융 위기 이후 재정난이 심각해지면서 교육

지원금을 줄이고 있는 실정이다. 성적이 높은 편인 뉴저지 주도 예산이 30퍼센트 줄면서 도서관 예산을 삭감하거나 사서교사를 해고하고 있단다. 포트리고등학교도 예외가 아니어서 예산이 줄어들었지만, 그럼에도 도서관 예산은 예전과 동일한 4만 1천 달러(한화 5천만 원) 그대로를 지원하고 있었다. 인건비를 빼고 순수하게 자료 구매비 – 컴퓨터 자료와 영상 자료를 갖추는 데 1만 5천 달러, 새 책을 사는 데 2만 6천 달러 – 로만 사용하고 있다고 한다.

게다가 교과목과 관련된 참고 문헌은 학과 예산으로 편성되어 있어 도서관 도서 구매비에서는 제외되며, 주로 구매하는 도서는 백과사전, 잡지, 소설, 읽기 쉬운 교양 도서, 학생들에게 유익한 논픽션 등이다. 백과사전은 내용이 빠르게 변하기 때문에 2년마다 교체하여 구매한다고 한다.

도서관은 교실 세 칸 정도 되는 규모로, 두 반이 동시에 수업할 수 있는 넓은 공간, 대출 창구 컴퓨터가 있는 자리를 뺀 나머지 공간에 책이 빼곡히 들어차 있었다. 잡지와 신간 도서 코너를 도

'왕따 방지'를 위한 학교 프로그램에서 스트레스 해소, 자존감 등 학생 정서에 도움이 되는 책을 도서관 입구 중앙에 따로 비치하여 눈길을 끈다. 'never never never give up'이라 쓴 글에 잠시 마음을 두어 본다.

서관 입구 중앙에 비치하여 도서관을 들어서면서 눈길이 가도록 했고, 교실 한 칸 규모 되는 공간에 백과사전과 참고 문헌, 소설, 교양 도서가 진열되어 있어 마치 도서관 안에 또 다른 작은 도서관에 온 듯했다.

서울시교육청의 '예산 회계 지침'에 학교 경상 운영비의 3~5퍼센트를 학교도서관 예산으로 책정하여 그중 70퍼센트를 순수 자

도서관에 들어서자마자 바로 보이는 신간 도서 코너는 학생들의 시선을 사로잡는다.

료 구매비로만 쓰도록 정하고 있다. 그래서 두 나라의 학생 1인당 평균 지원 예산을 계산해 봤다. 포트리고등학교는 4만 7천 원, 우리나라는 8,286원이다. _{2011년 국감브리핑 자료} 우리나라는 1인당 책 1권도 구매하기 어려운 액수다. 우리 학교는 소규모이다 보니 학교 예산에서 200만 원 정도를 도서 구매비로 책정하고 있다. 그나마 구청에서 지원하는 지역 주민을 위한 도서관 개방 사업을 함께하면서 1,500만 원 정도를 도서 구매비로 지원받아 인근에서는 읽을 만한 책이 있다는 평을 듣고 있다.

도서관 예산 지원에 대해 이 학교의 자랑거리라고 한 프리실라 교장 선생님의 말씀은 평생교육의 기반을 마련하는 데 도서관이 큰 비중을 차지하고 있음을 짐작할 수 있었다.

컴퓨터 활용 수업으로
전 교과목 교사에게 도서관을 개방하다

포트리고등학교에서는 협력 수업이 아닌데도 교과 교사가 컴퓨터를 활용한 수업을 하고 있었다. 컴퓨터를 이용하는 모든 수업은 도서관에서 이루어진단다.

도서관은 'Library'가 아니라 'Media center'라는 팻말을 달고 있었다. 들어서는 입구에 'Media Center'라고 쓴 글자 아래로부터 벽면을 따라 20여 대의 컴퓨터가, 입구 중앙에도 4대의 컴퓨터가 ㅁ 자로 비치되어 있다. 창가 쪽으로 놓인 컴퓨터 책상 앞에는 정보 활용 과정Big 6 Skill 스티커를 붙여 정보를 계획하고 평가하기까지의 과정을 안내하고 있는 것이 눈에 띄었다.

일행이 도서관에 들어섰을 때, 마침 수업이 한창이었다. 컴퓨터로 자료를 검색하는 아이들, 끼리끼리 둘러앉아 이야기를 나누는 아이들. 이 수업은 한국인 김선주 선생님이 진행하는 ESL 수업이었다. 수업받는 학생들을 둘러보니 백인과 흑인, 동양인 등 다양한 인종들이 섞여 있었다. 우리를 보고 "안녕하세요?"라며

도서관 벽면 3분의 2 이상을 차지하고 있는 참고 문헌 서가.

한국말로 인사를 건네는 친구들도 있었다. 한인 타운에 있는 학교라 한국인을 만나는 건 당연했지만 낯선 이국에서 만나니 더욱 반가웠다.

김선주 선생님이 진행하는 ESL 수업은 컴퓨터를 이용한 프로젝트 수업으로 그날은 학교를 소개하는 프로젝트를 그룹으로 진행한다고 했다.[13] 정규 수업은 아니고 사서교사가 출근하기 전에 도서관 관리 차원에서 도서관 문을 열고, 학생들을 데리고 와 수업하는 것이란다. 학생들은 7시 45분(1교시)과 8시 30분(2교시)으로 나뉘어 등교하기 때문에 교과목 선생님들이 학교 봉사 차원에서 1교시씩 맡아 학생들을 도서관에 데리고 와 수업을 한다는 것이다. 교과 담당 교사들은 하루 일과 중 5시간(1시간은 45분 수업)은 자신의 전공 교과목 수업을 하고, 1시간은 학교 봉사 시간을 갖는데 학교 봉사로 도서관을 담당한 선생님은 1년 계획하에 수업을 한다고 했다. 이러한 도서관 관리 시스템이 미국에서는 일반적인 과정이란다. 그러나 이러한 시스템이 선생님들을 더 피로하게 한다는 말에 교육적 효과에 기대어 시행되고 있는 정책들이 '교육의 독창성'이나 '교육의 자율성'을 망가뜨릴 수도 있다는 말을 떠올리게 했다. 《미국 교육개혁의 이해》 염철현, 강현출판사, 2009

도서관은 가야 하는 곳이 아니라 꼭 가야 하는 곳

37개 주에서 시행하고 있는 학업 성취도 평가 시험은 부시 정

ESL 시간에 학생들이 정보를 검색하여 학교를 소개하는 프로젝트 수업을 진행 중이다.

부 때 도입되어 지금까지 유지되고 있는 제도이다. 예전에는 통과하지 못해도 졸업할 수 있었지만, 지금은 통과하지 못하면 졸업을 할 수 없다고 한다. 수학, 과학, 사회, 영어 과목이 통과 수준에 도달하기 위해서는 반드시 도서관을 이용해야 하며, 이 시험은 유급을 시키기 위한 제도가 아니라 학생의 문맹률을 없애기 위한 프로그램이란다. 통역을 맡은 김대홍 씨는 학생들이 통과하지 못하는 경우가 아주 드물며, 예를 들어 '영희와 철수가 학교로 갔다. 영희와 철수는 어디로 갔는가?' 라는 정도의 난이도이기 때문에 이를 통과하지 못할 정도라면 난독증 환자이거나 시험 직전에 온 전학생, 이민자 들이라고 했다. 그는 통과하지 못한 아이들에게 공통적으로 나타나는 중요 요인을 '독서 능력 부족' 이라고 보고, 책을 많이 읽도록 하기 위해 학교도서관이나 공공도서관에서 개인 지도를 해 주기도 한다고 덧붙였다.

포트리고등학교는 전체 학생 중 95퍼센트가 이 시험에 통과한다고 한다. 통과율이 높다는 말에 김대홍 씨는 한국인들의 높은

작은 책장에 쓰기 과제를 도와주기 위한 도서를 배치하고 'Help For Writers'라는 안내 문구를 달아 놓았다.

교육열에 영향을 받았다며 우스갯소리를 했다. 그만큼 포트리고 등학교는 진학률이 높다는 말이다.

도서관에 진로와 관련된 다양한 자료를 구비하여 따로 비치했고, 한편에는 'Writer Corner'를 두어 아이들의 작문을 도와주고 있었다. 영어 선생님들이 도서관에 상주하면서 아이들 쓰기 숙제나 에세이 수정을 도와주고, 12학년에게는 대학 입학 에세이를 쓰는 데 도움을 주고 있다고 했다. 도움이 필요한 아이들은 예약을 통해 언제든 이용하면 된단다.

아이들은 에세이, 보고서, 책 평가, 리포트 등 다양한 쓰기 과제를 해결하기 위해 도서관에서 신문, 잡지, 참고 문헌, 스토리, 연구 저널, 비디오, 서평 등을 조사하기도 하고 인터넷으로 검색할 수도 있다. 이때 사서교사나 담당교사는 참고한 자료를 어떻게 인용해야 하는지, 출처는 어떻게 밝히는지, 어디까지가 표절에 해당하는지를 자세히 안내한다. 물론 학교 홈페이지에도 작문 도우미writing assistance 프로그램과 표절, 저작권에 대해 링크하여

안내하고 있다.[14]

또한, 신간 도서 앞 작은 책장에 'Help For Writers'라는 안내 문구를 달아 쓰기 과제를 도와주기 위한 도서를, 'Cool Careers Without College'에는 진로 탐색을 위한 책을 따로 비치하여 도서관을 아이들이 오지 않으면 안 되는 곳으로 자연스럽게 이끌고 있었다.

사서교사가 아닌 사서의 역할은 한계가 있다.

사서 더그(더글러스의 애칭)는 교육공학 석사에 도서정보학 석사 자격증을 갖고 있단다. 포트리고등학교에 온 지 1년 되었고, 그 전에는 교육구에서 일한 적이 있다고 했다. 그는 정규 시간에 교과 교사와 협력하여 교육과정에 참여하는 일을 하기보다 방과 후 시간을 주로 맡고 있었다. 그래서 9시 30분에 출근한단다. 9교시 수업이 정규 과목 외에 체육, 음악 등 특별활동반 수업이기 때문에 9교시를 수강하지 않는 학생 대부분이 도서관에 온다면서 이들의 편의를 봐 준다고 했다. 이들 대부분은 자료를 찾거나 에세이를 쓰기 위해서, 또는 쉬는 공간으로 도서관을 이용하기 때문에 점심시간에 이용하는 인원도 20명으로 제한한다고 했다. 그는 규율은 무섭지만 개인적으로는 친절하다는 인상을 남기고 싶다며 학생들이 접근하기 편하고 오고 싶어 하는 도서관을 만드는 게 꿈이라고 말했다.

더그는 지금까지 만났던 사서교사들과 많이 달랐다. 현재 도서관에서 진행하고 있는 프로그램은 없고, 전에 하던 온라인 독서 토론 모임, 학생회에서 주관하는 독서 모임을 곧 시작할 예정이라며 소개했다. 그가 계획하고 있는 프로그램이나 운영 방법은 이미 우리나라의 웬만한 학교도서관에서 시행하고 있는 것이었다. 그나마 독서 활동 프로그램보다 '도서연계시스템'이 귀를 쫑긋하게 했다. 한 달에 한 권씩 같은 책을 읽고 토론하는데 선정된 책이 부족할 경우 공공도서관에서 대여할 수 있도록 연계되어 있다고 했다. 베르겐 카운티 내에는 공공도서관이 70곳이 있고, 포트리 공공도서관과 연계된 교육자 카드가 있어 사서교사의 이름으로 20~30권을 4주까지 빌릴 수 있단다. 이 시스템은 학생들에게 포트리 시민으로서 공공도서관 이용 카드를 신청하도록 홍보하기도 하고, 공공도서관에서 하는 학생 프로그램에 참여하도록 유도하여 공공도서관과 자연스럽게 연계한다는 것이다. 그러나 도서 구매 시 종교나 정치 등 논란이 되는 책은 교육청에서 결정하므로 도서 구매 지침서에 따

Writer's Corner 게시물들.

라 선정한다고 했다. 학교별로 도서관 운영 지침서를 만들어 사용하는 것이 아니라 교육청에서 정해 놓은 도서관 운영 지침서에 따라야 하기 때문에 개인적으로 도서를 구매할 수 있는 권한은 없다고 했다.

협력 수업을 하고자 하는 교과목에서 2주 전에 미리 신청을 하며 그는 보조 자료를 준비하고, 학생들에게 자료를 찾는 방법을 소개하고, 정보검색에 서툰 학생에게 개인 지도도 해 주고 있다고 했다. 또, 21세기에 들어 도서관의 역할이 변하고 있다면서 단순히 책을 찾아 주기보다는 기술적인 면에 치중하여 자료를 정확하게 찾고, 빠르게 정보에 도달할 수 있는 방법을 가르치고 있다고 한다. 학생들이 필요한 정보에 쉽게 접근하는 방법으로는 구글에서 정보를 검색하기보다 국회도서관이나 다양한 검색 사이트를 이용할 수 있게 도와주며 구체적인 사이트를 알려 준다고 했다. 그는 영어나 사회, 진로 과목의 협력 수업을 한다고는 했지만 수업 지도안이나 구체적인 예를 제시해 주지는 않았다.

우리가 방문했던 학교에서 근무하는 사서교사는 대부분 도서관을 운영하는 자기 나름대로의 철학이 있었다. 또, 학습에 필요한 데이터베이스를 구축하는 데 그치지 않고 자신이 직접 만든 자료를 사이트에 올려 공유하고 있었다. 또한 다른 교과와 협력 수업을 하기 위해 적극적으로 접근한다거나, 더 나아가 교육과정을 함께 편성하기도 하고 활동 평가까지 교과 교사와 대등한 입장에서 하는 이도 있었다. 이를 볼 때 더그는 교사로서 도서관을 학교의 심장으로 만드는 주체이기보다 그저 아이들이 자료를 찾는 것을 도와주고 도서관을 관리하는 사서의 역할에 머무르고 있었다.

우리도 사서교사가 있는 학교에서는 다른 교과와 협력하는 수업, 교과와 교과를 통합하는 수업을 시도하고 있다. 그러다 중고등학교 아이들에게 적절한 데이터베이스가 거의 없다는 사실을 알게 되었다. 자료를 찾는 방법을 가르친다고 해도 검색이 아주 능숙하지 않으면 자료를 제대로 찾을 수 없다는 말이다. 교육과학기술부는 2012년도에 사서교사 임용 계획이 없다고 발표했다. 다만 고등학교에 이어 중학교에도 사서교사가 아닌 사서를 배치한단다. 사서는 아이들에게 도서관 이용 방법을 알려 주고, 다양한 독서 행사를 주최할 뿐이다.

소개합니다

학교 위치_3000 Lemoine Ave, Fort Lee, NJ 07024
연락처_(201)585-4675
홈페이지_Fort Lee High School
제공 학년_9~12학년
교사 대 학생 비율_1:14.4

포트리고등학교는 베르겐 카운티에 있는 공립고등학교이다. '평생교육'에 교육목표를 두고 있으며, 백인, 아시아인, 히스패닉계인, 아프리카 아메리카인 등 다양한 인종들로 구성되어 있다. 이 학교는 학생들의 학업 성취도와 교육 프로그램이 매우 우수하다는 평가를 받고 있으며, 토론 대회, 스포츠, 과학과 수학 분야에서 우수한 학생을 배출해 냈다. 또한 마약 및 술 방지 프로그램, 따돌림 방지 프로그램 등을 운영하면서 뉴저지 주에서 좋은 고등학교 중 하나로 선정되었다.

건물 전체가 통유리로 이루어져 있는 챈틀리고등학교 도서관 전경.

챈틀리고등학교 도서관에서
평생 학습의 기틀을 다지다

김윤미 ● 서울 동성고 교사

"선생님, 이제 못 만나겠네요."

"왜?"

"이제 고3 올라가니까 책 그만 읽고 공부해야죠."

"책 읽는 것이 공부하는 거야."

"에이~~."

사서교사로 근무하면서 아이들과 주고받는 마음 시린 대화다. 아직까지 우리나라 학생들에게 책을 읽는 것, 도서관에 가는 것은 공부와는 상관없는 취미 정도로 인식되는 것 같다. 부모님들도 고등학생 자녀가 책을 읽고 있으면 '책 그만 읽고 공부하라'며 나무란단다.

미국에서는 어릴 때부터 길러지는 독서 습관과 학교에서 하는 체계적인 정보 활용 교육으로 인해 고등학생이 되어서도 책을 손에서 놓는 일이 좀체 드물다. 학교도서관과 교육과정이 긴밀하게 연계되어 오히려 학교도서관과 책이 없으면 수업이 진행되지 않는다고 했다.

미국 학교에서는 학교장이 미치는 영향력이 커서 교육과정을 교장의 철학에 따라 바꿀 수 있으며, 그에 따라 사서교사의 역할도 강조되거나 축소될 수 있다. 포트리고등학교는 한 명의 사서

학교 방문을 환영하는 메시지가 눈
에 띈다.

교사가 교육청 지침에 따라 도서관을 운영하고 있었는데, 학교도
서관이 물리적인 여건은 충족되어 있는 반면에 사서교사가 가진
교육적 역할은 미비하여 아쉬운 점이 많았다. 제대로 된 고등학
교 도서관을 보지 못한 터라 마음을 졸이며 챈틀리고등학교로 향
했다.

학교에 대한 자부심이 느껴지다

챈틀리고등학교는 미국 버지니아 주 페어팩스 카운티에 위치
한 공립학교로 9학년에서 12학년까지 전체 학생이 약 2,900명,
교사 150명이 다니는 규모가 매우 큰 학교이다. 페어팩스 카운티
는 미국의 '강남 8학군'으로 불릴 만큼 버지니아 주 내에서도 부
촌인 곳이라고 한다. 학교에 들어서니 건물 전체가 유리로 둘러
싸인 외관이 인상적이다. 통유리를 통해 1층에 위치한 도서관 속
모습이 들여다보였다. 입구에서 사서교사 로빈이 우리를 반갑게

맞이했고, 도서관에 들어서자 한국인 학생회 소속 학생 4명이 우리를 기다리고 있었다. 한국에서 온 선생님들이 도서관을 탐방한다는 소식을 들었는지 학교 투어부터 시켜 주겠단다. 두 팀으로 나뉘어 학교의 주요 건물을 둘러보고 간단한 설명을 들을 수 있었다. 건물 내부 구조물들은 챈틀리고등학교 상징색인 보라색으로 구성되어 건물을 돌아다닐 때마다 상징물, 게시판, 벤치 등에서 챈틀리고등학교만의 고유한 느낌을 받을 수 있었다. 특히 교과 교실 – 영어, 수학, 과학, 외국어 등 – 은 학생들이 찾기 쉽게 각 층마다 교과별로 배치되어 있었다. 살짝 들여다본 영어 교실에서는 학생들이 수업 시간에 만든 다양한 활동 결과물들이 우리의 눈길을 끌었다. 그리고 체육관과 음악실, 헬스룸, 상담실은 고등학교 시설이라고는 믿기지 않을 만큼 훌륭한 모습을 자랑하고 있어서 이곳이 부촌 학교임을 실감케 했다. 학생회 학생들의 설명을 들으며 그들이 왜 먼저 학교 전체 모습을 보여 주고 싶어 했는지, 학교에 대한 자부심이 어느 정도인지 알 수 있었다. 이렇듯 좋은 시설을 갖추고 있는 학교도서관은

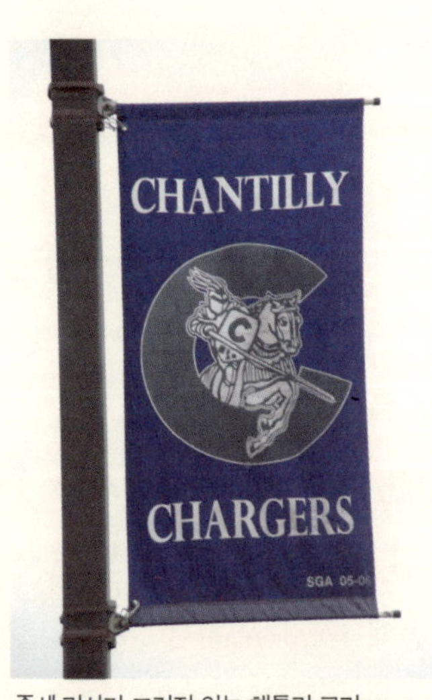

중세 기사가 그려져 있는 챈틀리 교기校旗.

영어 교실에 전시되어 있는 학생들의 작품들(왼쪽)과 학교 내 헬스룸(오른쪽).

과연 어떤 모습일지 더욱 궁금해진다.

공간 구성에서 도서관 경영이 엿보이다

한껏 기대를 가지고 간 도서관은 입구에 걸린 사인물부터 예사롭지 않았다. 단순히 '열림OPEN'과 '닫힘CLOSED'이 아니라, '들어오세요. 우리는 배움에 열려 있습니다.Come in! We're OPEN FOR LEARNING'와 '죄송합니다. 우리는 부정적인 태도에 닫혀 있습니다.Sorry, We're Closed to NEGATIVE ATTITUDES'라고 적혀 있다.

도서관 문을 열자 환한 햇살이 눈부시다. 건물 전체가 유리로 이루어져 있는 덕분에 외부에서 들어오는 빛이 차단되지 않아 밝고 아늑한 느낌을 준다. 창문 앞에는 학교의 마스코트, 중세 기사 스티븐 경의 동상이 도서관을 지켜 주고 있다.

도서관은 동시에 3개 반 수업이 진행될 수 있을 정도로 넓었으며, 컴퓨터 52대가 곳곳에 설치되어 있을 뿐 아니라 리서치를 할 수 있는 리서치 랩Research Lab까지 마련되어 있다. 또한 학생 4명

2층에서 바라본 학교도서관의 모습.

이 앉을 수 있는 모둠 책상이 군데군데 놓여 있어 소그룹으로 활동하기에도 안성맞춤이다.

　도서관 중간중간에 서가 표시 – 크게 소설, 논픽션, 전기, 잡지로 구분 – 를 중세 깃발로 구성한 점이 눈에 띈다. 중앙에는 논픽션을 배치하고 양쪽 큰 서가에는 소설과 전기류를 두었으며, 낮은 서가 위쪽에는 학생들에게 홍보하고 싶은 책들을 세워 전시를 해 두었다. 이로써 낮은 서가를 중심에 배치하여 전체적으로 공간이 넓어 보이는 효과뿐 아니라 전시도 하는 일석이조의 공간 활용이라는 점이 마음에 든다.

　학교도서관의 공간 구성은 접근성이라는 문제를 넘어 그 도서관의 경영을 보여 주는 잣대가 된다. 특히 이곳의 서가 배치는 주목할 만하다. 낮은 서가를 이용하여 사회, 역사 분야의 책을 배치

통유리 덕분에 도서관 실내는 따뜻한 햇살이 가득하다. 창가에는 중세 기사 동상(스티븐 경으로 1955년 졸업생이 기증)이 서 있다.

한 것이 그것이다. 일반적으로 도서관에서 별도의 서가를 놓아 구별하는 도서는 학생들이 자주 이용하는 인기 도서, 신간 도서, 교과 권장 도서 등이 보통이다. 국제학교도서관협회IASL의 정책 성명서에서 학교도서관은 가르치고 배우는 모든 활동의 근간이며, 교육과정을 위한 핵심 시설로 정보적, 교육적, 문화적, 레크리에이션 기능을 수행한다고 발표하고 있다. IASL;1993 〈IASL POLICY STATEMENT ON SCHOOL LIBRARIES〉(online) 학교도서관은 단순히 자료를 대출하고 반납하는 공간이나 자율 학습 공간이 아니라 교육의 장이다. 따라서 도서관 중앙에 만화나 인기 도서가 아닌 논픽션을 배치한 모습에서 챈틀리고등학교 학생들의 자료 활용도와 독서 수준 및 독서에 대한 흥미까지 파악할 수 있었다. 수석 사서교사 로빈에게 물어보니 도서관 활용 수업에 사회, 과학 등 교과 과목이 참여하고 있단다. 음식도 골고루 먹어야 건강을 유지할 수 있는 것처럼 내적 성장을 위해서는 다양한 분야에서 깊이 있는 독서가 필요하다. 학생들 대부분은 주로 판타지, 무협, 만화 등 흥미 위주로 책을 읽는 데 그치고 말기 때문에 독서 교육을 통해 다양한 분야에 관련된 책을 읽을 수 있도록 유도해야 한다. 이러한 독서 교육은 사서교사 한 사람의 노력이 아닌 전 교과에서 이루어질 때 비로소 가능하다.

챈틀리고등학교 도서관 모습.

당신이 반드시 알아야만 할 때, 사서교사에게 물어보세요

챈틀리고등학교에는 수석 사서교사 로빈과 사서교사 리네트, 그리고 비서 로런이 근무하고 있었다. 학교도서관에는 사서교사, 사서 실기 교사, 사서가 함께 근무하는 것이 이상적이라 할 수 있는데 챈틀리고등학교는 정식 사서교사 두 명과 비서가 함께 근무하고 있어 매우 좋은 여건을 갖추고 있는 셈이다. 이는 1만 1,407곳 학교도서관에 정식 사서교사가 고작 724명이 근무하는 우리나라와는 너무나 대조적이어서 참담한 기분이 들었다. 〈학교도서관진흥법 일부개정법률안〉 이찬열 대표 발의. 2011

챈틀리고등학교에서 사서교사는 학생들에게 '정보 컨설턴트'

로 통한다. 학생들은 사서교사에게 리서치 프로젝트를 수행하기 위해 필요한 정보와 새로운 아이디어에 대한 조언을 얻는다. 자신이 정한 프로젝트의 주제를 정하거나 에세이를 쓸 때, 좋은 책을 찾을 때, 개인적인 리서치 상담이나 검색하는 방법을 알고 싶을 때 도움을 주는 것도 사서교사가 담당할 몫이다. 인터뷰에서 어느 학생은 자신이 원하는 개인적 정보 요구에 사서교사가 친절하게 응답해 주는 것이 공공도서관과 학교도서관의 차이라고 말했다.

교과 교사들에게 사서교사의 역할은 조금 다르다. 도서관 협력 수업 시에 필요한 데이터베이스와 리서치 가이드 제공, 인용하는 법, 티브이/케이블 장비 설치, 리서치 과제 협력 등에 도움을 주고 있단다.

수석 사서교사 로빈은 인터뷰 내내 우리가 질문하는 내용에 대한 자료를 챙겨 주기 위해 동분서주했다. 아, 지식의 '나눔'을 몸으로 실천하는 것이 사서교사의 본분이 아니던가! 로빈을 보면서 학생들이 말한 '원하는 정보에 친절하게 응답해 주는 선생님'의 모습을 확인할 수 있었다.

사서교사의 역량이 협력 수업에서 발휘되다

사서교사의 역량은 협력 수업을 통해 자연스럽게 드러난다. 챈틀리 학교도서관에서 하고 있는 협력 수업은 중학교에서 했던 협력 수업을 기초로 한 심화 과정이다.

첫 단계로 신입생을 대상으로 한 달 동안 도서관 이용 교육을 하며, 10~12학년에게는 교과별로 정해진 프로젝트에 맞게 자료를 제공한다. 도서관과 협력하여 진행되는 리서치 프로젝트는 주로 사회, 영어, 과학 과목에서 이루어진다. 보통 프로젝트 과제 시 교과 교사는 수업 전에 프로젝트의 방향을 사서교사와 의논하고, 사서교사는 학생들에게 가이드라인을 제공할 수 있도록 한다. 중학교에서 하던 협력 수업과 달리 고등학교에서는 한 단계 심화된 웹 사이트와 전문화된 데이터베이스를 사용하여 학생들이 과제를 수행할 수 있도록 한다.

각 교과에서 진행한 프로젝트에 대해 사서교사가 학생들에게 제공한 유인물을 보면 단행본보다는 데이터베이스와 웹 자료에 대한 내용이 더 많고, 리서치 내용도 보다 깊이가 있어졌음을 알 수 있다.

영어과에서 진행한 '셰익스피어 리서치 프로젝트'와 사회과에서 진행한 '고대 그리스 리서치 프로젝트'를 수행하기 위해 사서교사가 학생들에게 제공한 두 가지 자료를 소개한다.

| 영어과 – 셰익스피어 리서치 프로젝트 웹 자료 |

1. 학교에서 접근할 수 있는 데이터베이스를 활용하라.

　　가. Gale e-book : 셰익스피어, glove theatre로 검색어 넣어 보기(검색 힌

트 : Elizabethan World Reference library의 기사를 찾아볼 것). 셰익스피어 연극의 줄거리를 원한다면 Shakespeare for Student에서 연극명으로 검색 후 내용을 검색해 보기.

나. ABC-Clio database : 세계사 – 현대 시대를 선택한 후 검색해 보기.

다. 〈World Book Encyclopedia〉(World Book Advanced 선택) : 셰익스피어에 대한 글, 연극의 요약(제목으로 검색해 보기) 특정한 연극의 문학적 비판을 원하면 Literature Resource Center를 보라.

2. 데이터베이스에서 찾지 못한 경우 아래의 웹 사이트를 활용하라.

가. 셰익스피어 전기 http://www.bardweb.net/man.html

나. 셰익스피어 온라인 – '전기' 와 '연극' 을 검색하기.

다. 윌리엄 셰익스피어 – 원하는 모든 정보가 있다(전기, 배경, 연극 등).

라. 엘리자베스 1세 시대의 연극 – 셰익스피어 시대의 영국 연극에 대한 많은 링크를 제공한다.

셰익스피어 리서치 프로젝트에 사용된 그림 자료들(위).
문인들이 들어간 포스터. 문학 서가임을 한 눈에 알아볼 수 있다(아래).

1. 도서 자료 : 주제에 맞는 도서 자료를 카트에 넣어 두었다. 더 많은 자료를 원하면 논픽션 구역의 938번에서 찾을 수 있다.

2. 데이터베이스(도서관 메인 화면에서 찾을 수 있음)

   가. Gale e-books : 자료 검색어를 그리스 건축, 그리스 희곡, 펠로폰네소스 전쟁, 소크라테스, 플라톤, 아리스토텔레스 등으로 넣어 보라(학교 밖에서 사용하려면 홈페이지, 패스워드 알려 줌).

   나. ABC-Clio database : 세계 역사 – 고대, 중세 시기를 선택하여 위에서 제안한 검색어를 넣어 보라.

   다. Biography In Context : 이 자료는 인물에 대해 알기 좋은 자료이다. 이름으로 검색 후 (아리스토텔레스, 플라톤, 소크라테스) 스크롤을 내려 기사를 찾으면 된다.

   라. 〈World Book Encyclopedia〉(World Book Advanced 선택)

   * 이 데이터베이스에서 얻은 이미지는 프로젝트에 카피하여도 된다.

3. 데이터베이스에서 찾지 못한 경우 아래의 웹 사이트를 활용하라.

   가. Ancient Greece – 건축, 연극, 전쟁에 대한 좋은 자료가 많다.

   http://www.ancientgreece.com

   나. Classics Technology Center – 그리스 비극에 대한 입문.

   http://ablemedia.com/ctcweb/netshots/tragedy.htm

다. Theatre Database – 특정 고대 그리스 연극, 극작가에 대한 논의 자료.

http://www.theatredatabase.com/ancient/

라. Ancient-Greece.org – 고대 그리스의 특정 건물에 대한 논의 자료.

http://www.ancient-greece.org/architecture.html

리서치 프로젝트에서 사서교사는 학교도서관 내 참고 데이터베이스를 이용하여 학생들이 어떻게 자료에 접근해야 하는지 자세한 길잡이를 제공한다. 또 다양한 자료 중에서 자기 프로젝트에 맞는 정보원을 소개하고, 학생들이 가장 정확한 정보를 얻기 위해서는 어떤 검색 절차를 거쳐야 하는지도 알려 준다. 이는 주제 분야와 관련된 도서를 미리 북 카트에 넣어 두어 접근성을 높이고, 과제를 해결할 때 이용하면 좋은 데이터베이스와 웹 사이트를 미리 선정하여 학생들이 좀 더 쉽고 정확한 정보를 얻게 도와주는 것이다.

우리나라 도서관 협력 수업은 학교 교육과정 등 상황에 따라 사서교사가 맡는 교육적 역할 범위가 달라지므로 보편적인 내용을 언급하기는 어렵지만, 미국과는 약간 차이가 있다. '협력'의 범주를 어디까지 할 것인가에 따라 협력 수업의 형태를 나누어 볼 수 있는데, 단순히 도서관 시설을 활용하는 경우와 교과 교사들에게 수업 시간에 필요한 자료를 보조하는 경우, 그리고 사서교사가 평가에는 관여하지 않지만 교과 교사가 발표 수업에서 정보 활용지를 원할 경우 제공하거나 학생들이 개별적으로 요구하는 것에 따라 자료를 제공하는 3가지 형태로 나눌 수 있다. 이중 마지막 형태가 학교 교육과정 안에서 도서관을 가장 많이 이용한 사례라고 할 수 있겠다.

예를 들어 중국어 교과 수행평가로 중국 문화에 대해 발표하는 시간이 있다. 중국 문화에 대한 어떤 주제라도 상관없으며 5분 정도 파워포인트를 이용하여 발표한다. 중국어교사에 따르면 매년 학생들이 발표하는 자료가 인터넷에 떠도는 내용들을 짜깁기한 것이어서 실망이 많았다고 한다. 계획 단계부터 사서교사가 개입하여 과제가 진행된 것이 아니므로, 중국어교사가 인용 방법이나 파워포인트 만드는 법까지 수업해야 했기 때문이다. 사전에 충분한 협의가 이루어졌더라면 교과 교사와 사서교사가 해야 할 역할을 잘 분담하여 진행할 수 있었을 것이다. 가령 중국어교사는 교과 내용 중심으로 중국 문화 프로젝트에 관해 교육하고, 사서교사는 인용하는 법, 좋은 자료 찾는 법 등 정보 활용에 관한 방법론적인 내용을 교육할 수 있다.

즉, 프로젝트를 진행하기 전에 과제와 관련한 자료를 구비하고, 학생에게 좋은 웹 자료를 선택할 수 있도록 유도하는 것이 사서교사가 해야 할 역할이다. 사서교사는 학교 교육과정에 필요한 자료를 구축하고, 도서 자료 외에 이용 가능한 탄탄한 웹 자료를 찾아 소개해 줘야 한다. 물론 고급 데이터베이스들은 유료인 경우가 많아 한정된 학교 예산으로 이를 구매하여 활용하는 데 어려움이 따르나, 이 역시 도서관 협력 수업이 활성화되면 차츰 해결 방법을 찾을 수 있으리라 본다.

도서관의 본질은 지식의 나눔이다

챈틀리고등학교 도서관에는 온라인 데이터베이스 40종류와 800권이 넘는 전자책, 7천 권이 넘는 단행본 및 비디오·오디오 컬렉션이 있었다. 그중에서도 교과 교사들을 위해 구비된 전 교과를 망라한 비디오와 오디오 컬렉션은 놀랍기만 했다.

사서교사가 학생들이 세분되고 깊이 있는 정보를 요구했을 때 즉각적인 도움을 줄 수 있는 이유는 도서관에 풍부한 데이터베이스를 갖추고 있기 때문이다. 우리 일행이 탐방하는 기간 중에 가장 많이 들었던 단어는 'Sharing', 공유이다. 미국 내 대부분 카운티에서는 학교도서관과 공공도서관이 유기적으로 연결되어 서로 협력하며 정보를 공유하고 있다. 페어팩스 카운티 내에 있는 공립학교들 역시 하나로 묶어 주는 학교 시스템이 있어 기본적인 데이터베이스는 구district에서 제공한다. 학교도서관은 이 시스템을 통해 무료로 데이터베이스를 이용할 수 있다. 또한 같은 페어팩스 카운티 내에 있는 학교도서관끼리도 상호 대차 서비스-우리 도서관이 소장하지 않은 도서를 타 도서관이 소장한 경우 대출할 수 있는 서비스-가 가능하다.

기본적인 데이터베이스는 카운티에서 제공하지만 개별 학교에서 별도로 필요한 데이터베이스는 학교도서관 예산으로 구매한다. 사서교사 로빈에 따르면 단행본으로 발행되는 참고 도서(사전, 도감)는 거의 구매하지 않고 데이터베이스로 이루어진 정보원으로 대체한다고 한다. 데이터베이스로 구매하는 이유는 단행본으로 된 참고 도서보다 다양한 주제를 포함하고 있고, 업데이트가 자주 이루어지며 적은 돈으로 많은 자료를 구매할 수 있기 때문이란다. 또한 학생들이 집에서도 학교도서관에서 제공하는 비밀번호를 이용해 접근이 가능하다는 장점이 있다고 설명한다. 로빈은 데이터베이스 접근량을 보고 어떤 자료가 필요한지 파악하여 구매 시 참고한다고 했다. 이번 학기에는 카운티에서 제공하는 데이터베이스 외에 미술 선생님을 위한 예술 관련 데이터베이스를 따로 구매하였다고 귀띔해 주기도 했다. 개개인이 요구하는 정보의 내용이 심화되면서 단순한 인터넷 자료보다 권위 있고 깊이 있는 자료를 갖춘 데이터베이스의 이용이 늘고 있는 것이다.

미국 학교도서관을 탐방하면서 가장 부러웠던 것은 이렇듯 카운티 내에 있는 학교도서관이 모두 연결되어 있어 자료 공유가 가능하고, 기본적인 데이터베이스는 카운티에서 구매하여 보조하기 때문에 학교가 개별적으로 구매하지 않더라도 무료로 이용할 수 있다는 점이었다.

챈틀리고등학교 도서관에서는 다음과 같은 데이터베이스를 제공하고 있었다.

도서관 협력 수업을 위해 제공되는 다양한 데이터베이스

순번	주제	데이터베이스명
1	전기	Biography Resource Center
2	인용 도구	Noodle Tools
3	사전 / 전반적 리서치	Gale e-books, Grolier, World Book
4	문학	Gale e-books, Granger's Poetry, Literature Resource Center, LitFinder for Schools
5	독서	Books and Authors, Tumblebooks. Tumblereadables
6	사회과학	ABC-Clio database, ABC-Clio ebooks, Congressional Quarterly, Encyclopedia Virginia, Opposing Viewpoints, Pop Culture Universe
7	자연과학	AP Science, eLibrary Science, Gale Science in Context, Grzimek's Animal Life, GREENR. New Book of Popular Science
8	세계 문화	Culturegrams, Lands and Peoples
9	예술	Oxford Art Online, Royalty-Free Music
10	컴퓨터	Computer Database
11	법률	Courtroom in the Classroom
12	스페인어	Enciclopedia Estudiantil Hallazgos
13	정기간행물	Academic Onefile, eLibrary, Expanded Academic ASAP, General Onefile, The World and I
14	건강	Health and Wellness Resource Center
15	군사학	Military and Intelligence Database
16	시험/교육	Testing & Education Reference Center

우리나라는 공공도서관과 대학도서관에서만 이러한 공유가 이루어지며, 학교도서관은 개별적으로 운영되고 있다. 그래서 도서관 협력 수업이나 요구가 있을 경우에 개별 학교도서관 예산으로 데이터베이스를 구매한다. 보통 데이터베이스 하나를 이용하기 위해 지불하는 돈이 1년에 100~150만 원인 것을 감안할 때 우리

나라에도 공공도서관이나 국립도서관과 연계한 지원이 절실하다는 생각이 든다. 사실상 교과 프로젝트는 학교도서관에 있는 자료만으로 이루어지기에는 한계가 있기 때문이다.

현재 서울시교육지원청 내 공공도서관 중에 학교도서관지원과가 다섯 군데가 있어 행정적 지원을 받고 있지만 학교도서관과의 교육적 연계는 미비하다. 학교 교육과정 내에서 도서관 자료가 수업 활동에 광범위하게 이용될 때 학교도서관과 공공도서관의 연계도 필요해질 것이다.

일례로 우리 학교에서도 중국 문화 프로젝트를 위해 학교도서관에 없는 자료는 공공도서관에서 순회문고 - 일정 기간 원하는 도서를 빌려 주는 것 - 를 활용하려고 했다. 그러나 보통 학급문고나 복도 문고 형태로 순회문고를 활용하기 때문에 공공도서관 자료는 문학 쪽에 편중되어 있어 원하는 도움을 얻지 못했다. 결국 급하게 수업에 필요한 자료는 학교도서관 예산으로 구매하여 프로젝트를 진행했다. 그러나 학교도서관 예산은 한정되어 있으므로 프로젝트가 있을 때마다 모든 자료를 구매할 수 없고, 교사가 바뀌면 프로젝트 주제도 달라지기 때문에 이후 활용도가 떨어질 수밖에 없다. 자료 구축이나 예산 운용 측면에서 학교도서관과 공공도서관이 연계된 통합 시스템을 구축해야 할 필요가 여기에 있다.

고등학교는 입시 준비를 시키는 곳이 아니라
평생교육의 기틀을 다지는 곳이다

챈틀리고등학교가 세운 교육철학은 학생들을 '평생 학습자'로 교육하는 데 있다고 한다. 학교에서는 학생들이 졸업 후에도 개성을 잃지 않고 시민으로서 역할을 다할 수 있도록 최대한의 기회를 제공하기 위해 노력하고 있었다.

일례로 학교도서관과 사회 교과가 연계하여 진행된 '미국 대법원 판례' 프로젝트는 자신에게 법적인 문제가 생겼을 때 과연 어떻게 정보를 찾고, 해결할 것인지에 대해 안내한다. 이런 과제를 경험한 학생들은 실제로 공립학교 졸업 후 사회에 나가 자신들에게 문제가 생겼을 때 쉽게 해결해 나갈 수 있을 것이다.

또 '챈틀리 아카데미'라고 불리는 학교 프로그램은 학생들이 희망하는 진로와 관련하여 수업을 들을 수 있는 독창적인 교육 프로그램이다. 요리, 엔지니어링, 자동차, 미용, 건강, 무역, 마케팅 등 총 20여 개의 프로그램 중 자신이 관심 있는 분야의 수업을 선택하여 들을 수 있다. 이 프로그램은 페어팩스 카운티 내에 있는 다른 학교 학생들에게도 제공된다. 챈틀리고등학교는 진학과 진로 두 마리 토끼에 대한 지원을 아끼지 않는 것으로 보였다. 특히, 학생 개개인이 가진 역량에 집중하여 변화하는 사회에서 다양한 분야에 진출할 수 있도록 학교 교육과정 안에 '진로 교육'을 자연스럽게 녹여 내고 있었다. 우리나라 복지 기관에서 할 법한 기술교육을 학교교육에 포함시켜 평생교육을 진행하고 있는 것

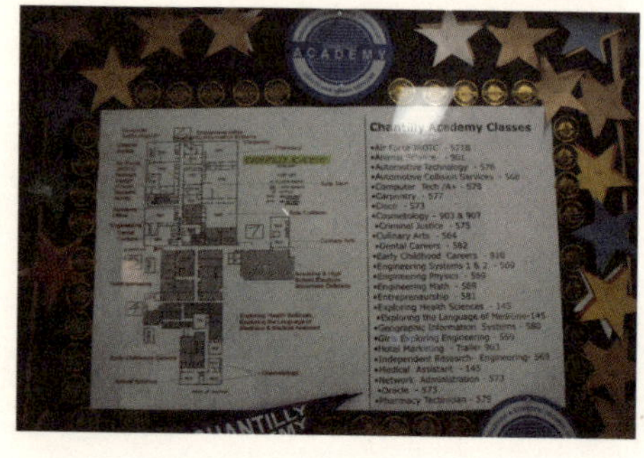

챈틀리고등학교에서 운영하는 진로 프로그램 '챈틀리 아카데미'를 소개하는 벽보.

이다.

'평생 학습자로 교육한다'는 교장 선생님의 교육철학은 도서관 경영에도 잘 드러나 있다. 대학 진학률이 높지 않은 미국에서 고등학교 도서관은 사회로 나아가기 전 학생들이 자신에게 필요한 여러 가지 준비를 할 수 있는 정보 창구로서 역할을 하고 있었다. 학생들은 이미 초·중학교 때 사서교사로부터 배운 체계적인 정보 활용 교육으로 도서관에 있는 정보를 자연스럽게 이용하고 있었고, 고등학교에서는 교과 수업에서 전문적인 데이터베이스 등 자료를 활용하여 한층 심화된 정보 활용 교육이 이루어지고 있었다. 나아가 학생들은 자기 진로와 관련하여 다양한 자료와 정보를 공공도서관과 연계하여 제공받고 있었다. 고등학교에서 멀지 않은 곳에 위치한 챈틀리 공공도서관 사서는 학생들이 방과 후에 교과 프로젝트 수업에 필요한 자료를 찾기 위해 방문한다고 했다. 챈틀리고등학교 학생들은 공공도서관이 지척에 있기 때문에 방과 후에는 인근 공공도서관을 방문하여 원하는 자료를 찾고 쉬기도 한단다. 우리나라 공공도서관 이용자들 가운데 청소년이 거의 없는 것과는 대조적인 이야기라 쓸쓸한 기분이 들었다.

좋은 대학교에 진학하기 위해 교과서와 참고서와 문제집을 끼고 아침 7시 30분부터 밤 10시까지 네모난 교실과 책상에 앉아 고개를 숙이고 공부하는 대한민국 고등학생들의 모습과 도서관에서 과목별로 사서교사와 교과 교사의 협력 아래 방대한 정보를 탐색하며 원하는 정보를 찾아내 프로젝트 수업을 하고 자기 진로를 스스로 탐색해 가는 챈틀리고등학교 학생들, 학교를 나서며 마음은 점점 무거워졌다.

소개합니다

학교 위치_4201 Stringfellow Rd. Chantilly, VA 20151
연락처_(703)222-8100
홈페이지_http://www.fcps.edu/ChantillyHS/
제공 학년_9~12학년

페어팩스 카운티 내에 위치한 공립 고등학교이다. 1973년에 7~10학년으로 시작되었으나 나중에는 9~12학년인 고등학교로 인가받았다. 예술, 과학의 학문적 우수성과 직업 과외 활동을 자극할 수 있는 포괄적인 프로그램을 운영하고 있으며, 학교생활과 관련된 프로그램과 졸업 후 사회에서 필요한 기술과 사회에 나가서 자기 역할을 다하기 위한 프로그램 운영을 목적으로 하고 있다.

유치원부터 고등학교까지 함께 있는 드와이트학교.

드와이트고등학교 도서관 새로운 실험에 도전하다

강애라 • 서울 대치중 교사

　원래 방문하기로 계획되어 있던 고등학교 한 곳이 폭설로 인해 임시 휴교령이 내려져 방문이 취소되었다. 안전을 최우선으로 여기는 미국에선 버스가 도로를 거뜬하게 다닐 정도로 내린 설량으로도 모든 학교가 휴교를 하고 당연히 교직원들도 출근을 하지 않는단다. 일정에서 한 학교라도 놓치기 싫었던 우리 일행은 해당 학교에 약속 시간 30분 전에 도착해 2시간 넘게 기다려 보는 노력을 했지만 소용없었다. 코앞에 학교를 두고 버스를 돌려야 하는 아쉬움은 너무 컸다.

　하지만 우리에겐 열정이 가져다준 행운, 드와이트고등학교가 있었다. 앞서 방문한 드와이트초등학교 교장 선생님이 우리 열정에 탄복하여 획기적인 도서관을 운영하고 있는 드와이트중고등학교 도서관 총책임자를 소개해 주었다. 현재 시점에서 우리나라 학교도서관이 고민해야 할 한 부분을 들여다볼 수 있을 것 같다는 생각이 들어 큰 충격과 생각거리를 던져 준 드와이트고등학교로 고등학교 학교도서관 한 곳을 대신하기로 결정하는 데 일행 모두 찬성하였다. 드와이트고등학교 도서관 방문은 정식 방문이 아닌지라 구체적 자료를 얻을 수 없었고 시간적으로도 충분한 인터뷰가 이루어지기 힘든 상황이라 아쉬움이 컸다.

다양한 여건 속에 있는 여러 미국 학교도서관을 살펴보고자 했다. 하지만 우리 계획은 도서관을 접촉하는 과정에서 미국 학교 치안 문제를 넘지 못했다. 방문이 허락된 학교는 비교적 치안이 좋은 곳이라, 대부분 교육 여건이 좋은 곳이었다. 챈틀리고등학교, 포트리고등학교 역시 미국에선 진학률이 높은 학교로 한국 유학생들이 많았다. 방문한 학교마다 한국 유학생들의 활약을 칭찬하는 교장 선생님과, 실지로 영민한 한국 유학생들을 직접 만나 그들을 통해 미국 학교에 대한 이야기를 듣는 것은 예상치 못한 즐거움이었다.

드와이트고등학교 역시 앞서 방문했던 학교들보다 더 부자들이 사는 동네에 위치해 학비가 비싼 사립 고등학교에 속한다. 브룩 실즈, 조디 포스터 등 할리우드 유명 연예인들과 주 대법원 판사와 주요 정치 인사들이 이 학교 출신이란다. 동문이 기증한 건물을 자랑하는 안내자의 설명에 의하면 뉴저지 주 잉글우드 지역, 경제적으로 안정된 사람들이 모여 사는 이 지역 사람들은 유치원부터 고등학교까지 한 학교를 통해 졸업하는 것을 대단한 자랑으로 여긴단다.

우리나라 고등학교 교육이 공·사립 할 것 없이 모든 아이를 좋은 대학에 보내 사회 지도층으로 양성하는 것에 초점이 맞춰져 있다면, 미국은 상위 1퍼센트가 거대 미국을 움직이고 있고 그들의 자녀들은 대부분 돈이 많이 드는 명문 사립학교에서 교육을 받는다. 그러므로 미국에서 명문 사립학교는 우리나라 사립학교와는 태생적 차이가 있고, 미국 내에서도 보통 사립학교와는 많은 차이가 있을 수밖에 없다.

우리가 우연히 방문하게 된 드와이트고등학교는 명문 사립에 가까운 학교로 부유한 부모를 둔 아이들이 좋은 여건에서 학교생활을 하고 있었다. 이 아이들은 같은 재단에서 유치원부터 고등학교에 이르기까지 일관된 프로그램으로 정보 활용 교육을 받는다. 유치원부터 초등 2학년까지는 도서관에서 책을 중심으로 많은 것을 알아 가도록 교육받으며, 책과 친숙해진 아이들이 3, 4학년부터는 교육과정 자체에 녹아 있는 정보 활용 교육을 체계적으로 습득해 나간다. 이렇듯 교육과정에 녹아 있는 정보 활용 교육이 자연스럽게 획기적인 학교 도서관으로 만들어 나가지 않았나 생각했다. 특히 총책임자 개인이 갖는 생각이 새로운 시도로서 실현되고 그것이 학교 시스템 차원에서 지원되고 있었는데, 그 학교가 명문 사립학교이며 학교 홈페이지에 소개된 대로 다양성을 인정하는 학교이기에 가능했던 것이리라.

트라비스는 초등 5학년부터

획기적인 변화를 모색하고 실천하고 있는 학교도서관 총책임자 트라비스.

이용한다는 드와이트고등학교 도서관의 총책임자이다. 자신의 어렸을 적 경험을 토대로 학교도서관에 대해 보다 자유로운 구상을 하고 있다는 트라비스는 도서관이 아이들에게 궁금증을 유발하고, 의도적으로 찾아보려고 하지 않아도 많은 생각을 하게 하고, 이것저것 빼어 뒤적거리다가 우연히 흥미로운 정보들을 발견하게 하는 곳으로 만들고 싶다고 했다.

그가 가진 생각은 도서관 공간 구성과, 정보 제시 방법의 변화라는 측면으로 나타나고 있었고, 그들의 시도와 변화가 우리 일행에게 많은 생각거리를 던져 주었다. 계획된 인터뷰가 아니라 정식으로 자료를 요청할 수 없어 구체적인 사례를 제시할 수 없는 것이 아쉽다.

정보를 중시하다

드와이트는 유치원부터 고등학교까지 함께 있었지만 도서관은 각 급별로 지극히 다른 모습을 갖추고 있었다. 앞서 방문했던 초등학교 도서관은 책이 중심인 아기자기한 공간으로, 자부심이 굉장한 사서교사의 열정이 어우러져 따뜻한 느낌을 주는 곳이었다. '유치원부터 초등 2학년까지는 철저히 컴퓨터가 아닌 책으로 모든 것을 만나게 한다' 는 사서교사의 말은 감동으로까지 느껴졌다. 반면 5학년 이상이 이용하는 드와이트고등학교 도서관은 건물 중 방 하나가 컴퓨터로 가득 채워져 있었다. 그것도 고장이 나

5학년 이상이 이용하는 드와이트중고등학교 도서관 출입문.

서 내부를 다 드러낸 모습으로 여기저기 널브러져 있었다. 우리를 맞이해 준 트라비스까지 마치 외국 배우의 인상을 주는 훤칠한 남자라 잠시 미국 영화 속 미래 학교에 온 듯한 착각이 들 정도였다.

트라비스는 학교도서관의 획기적인 변화를 모색하고 실천하고 있는 인물이었다. 우리가 도서관의 역할에 대해 질문하자 그는, 도서관은 책이 쌓여 있는 공간이 아니라 정보를 찾거나 무언가를 알아 가는 키워드가 있는 곳이어야 한다고 대답했다. 그런데 그가 말한 키워드는 책이 아니었다. 스마트폰 세대인 요즘 아이들에게 정보를 책을 통해서만 얻으라고 하는 것은 무리겠지만, 단순히 자료의 전산화를 넘어선 디지털 도서관의 모습을 갖추어 가려는 드와이트고등학교는 솔직히 충격이었다.

챈틀리고등학교에서는 그들이 구축하고 있는 데이터베이스와 체계적인 협력 수업이 부럽기는 했지만, 학습 지원 센터로서의 기능은 충분히 예상한 모습이었다. 우리나라 역시 부족하긴 하지만 학교도서관을 중심으로 독서 교육을 강화하고 있고, 학습 지원 센터로서의 학교도서관을

한 아이가 넓은 공간에 낮은 서가 몇 개만 놓여 있는 도서관에서 모든 학생에게 지급되는 랩탑을 들여다보고 있다.

학교도서관은 정서적인 면에서 즐겁고 안락한 공간이어야 한다고 역설하는 트라비스.

꿈꾸고 실천하는 사람들이 점차 늘어나는 추세이기 때문이다. 우리가 북미 도서관을 탐방하게 된 계기도 더 나은 모습으로 학교도서관을 발전시키고 싶은 마음에서다. 하지만 이곳 드와이트고 등학교 도서관에서는 정보 전달 매체의 변화를 학교도서관에 적용하여 책이 중심이 아닌 컴퓨터와 함께하는 모습이었다.

인터뷰가 시작되고 질문을 던질수록 신개념의 도서관을 구상하는 트라비스의 생각은 놀라웠다. 그는 "책이 아니어도 된다."라고 표현했는데 지금도 그 말이 귀에 쟁쟁하다. 보통 우리 생각으로는 자료의 중심은 당연히 책이고 어떻게 하면 아이들에게 책을 읽히고 그 책의 활용을 도와줄지 고민했다면, 트라비스가 생각하는 도서관은 자료 자체가 책이 아니어도 된다는 것이다. '반드시 책이 아니다'는 것은 아니겠지만 '꼭 책이어야 한다'는 생각에서 벗어나 고민하고 있음은 분명했다. 처음 이 공간에 들어섰을 땐 어째서 컴퓨터 고치는 일을 도서관과 연결된 공간에서 하고 있는

천장이 뻥 뚫려 있어 채
광이 좋아 아늑한 느낌
을 준다.

지 강한 의문이 들었고 약간의 거부반응이 일기도 했다. 도서관 한쪽에 쌓여 있는 고장 난 컴퓨터의 양이 서가에 꽂혀 있는 책만큼이나 많아 보인 것은 책을 우선하지 않는 도서관에 대한 낯섦 때문이었을 것이다.

드와이트중고등학교 도서관의 혁명을 일으킨 트라비스는 원래 기술 과목 교사로 아이들 컴퓨터 수리도 같이 담당하고 있다고 했다. 인터뷰하는 내내 지켜본 또 한 분의 여자 선생님은 랩탑 모니터들을 정성스럽게 닦거나 아이들이 맡기러 온 컴퓨터를 접수하는 일을 하고 있었다. 이 학교 학생은 초등 3학년부터 모두 랩탑을 지급받게 되는데, 그 랩탑에 문제가 생겼을 때 이곳에서 수리한다고 한다. 일정한 학년이 되면 모든 학생에게 랩탑이 지급된다는 이야기는 학습과 연계된 데이터베이스가 구축되었다는 뜻일 것이고, 유해한 각종 사이트와 게임 등은 당연히 차단되어 있으리라 생각한다. 또한 데이터베이스를 활용할 수 있는 능력을 이미 학습했기 때문에 가능했으리라. 컴퓨터라 하면 게임과 인터넷 서핑을 위한 도구이며 학습에 방해만 되는 존재로 인식된 우리나라와는 매우 대조적인 모습이었다.

트라비스는 아이들에게 궁금증을 유발시키고 느끼게 하고 무언가를 찾아가는 곳으로 도서관을 생각하고 있었고, 그 매체와 방법에서는 기술 과목 교사답게 책을 벗어나 있었다. 이미 웹 구매비가 도서 구매비를 넘어섰다고 하는 그에게 학교도서관이 이처럼 책이 중심이 아닌 컴퓨터가 중심이 되는 도서관으로 가고 있는 것에 대한 고민은 없느냐는 질문을 했다. 그는 활자가 발명되고 책이 생기면서 인류는 많은 정보를 공유하지 않았느냐며, 이제는 컴퓨터의 기술로 공유의 차원을 넘어 정보가 확장되어야 한다고 대답했다. 덧붙여 전달 매체, 방법의 변화를 받아들여야 한다고도 했다. 또, 아이티 정부가 지진으로 대법전이 분실되자 보스턴 공공도서관에 컴퓨터에 보관된 자기 나라의 대법전 자료를 빌려 줄 것을 요구한 사례를 들어, 정보가 컴퓨터로 모이면 지적 유산이 보존되고 공유되는 것이 유리하지 않겠느냐며 디지털 도서관에 대한 강력한 지지를 보였다.

하지만 드와이트고등학교도 이러한 새로운 개념의 도서관을 만들기까지 쉽지만은 않았다고 한다. 젊은 사서교사들도 본인과 생각이 일치하지 않았고, 기존 선생님들 중 많은 분이 아직도 책이 중심이 되는 도서관을 고집하기 때문이란다. 그럼에도 드와이트중고등학교 도서관은 꾸준히 새로운 개념의 도서관을 만들어

가고 있었다. 트라비스는 학습 지원 센터로서의 학교도서관을 강화하고 싶어 고민하고 있는 우리에게 미래 학교도서관 모습도 같이 고민하도록 만들었다.

휴식이 있는 편안한 공간

공식 인터뷰가 아니었음에도 우리의 질문에 성심껏 대답해 준 트라비스는 휴식이 있고, 편안한 도서관을 위해 공간 구성에 공을 많이 들였다고 했다. 정말로 그러한 마인드를 지원하고 인정하는 학교 분위기는 충분히 느낄 수 있었다.

트라비스는 도서관은 정서적인 면에서 즐겁고 안락하여 즐길 수 있는 공간, 함께 과제도 하고 정보를 공유할 수 있는 공간으로 편안한 곳, 모여 있는 곳, 아이들을 끌어안는 곳이어야 한다고 했다. 침대가 있고 커피숍이 있는 도서관도 존재한다며 너무 극단적으로 변화하지는 않더라도 전통적인 모습에만 머물러서는 안 된다는 의견이었다.

그는 도서관의 탈바꿈을 위해 3가지 노력을 했는데 그중 하나가 물리적인 배치Physical layout이다. 지나간 정기간행물, 보지도 않는 책들은 과감하게 치워 버렸고, 미니 2층을 만들어 대부분의 책들을 2층으로 올려 1층은 휑하다 싶을 정도의 공간에 몇 개의 탁자만 놓았다. 사전 정보 없이 처음 도서관을 둘러보았을 땐 왜 이리 공간을 낭비했을까 하는 생각이 들 정도였다.

보통 다른 학교들은 정보 탐색을 위해 도서관 한쪽에 컴퓨터를 많이 비치해 놓는다. 그렇지만 이곳은 모든 학생에게 랩탑을 지급하기 때문에 그 공간이 필요 없었던 것이다. 덕분에 아래층에는 넓은 공간을 확보할 수 있었고, 원탁에 아이들이 삼삼오오 모여 랩탑을 올려놓고 아주 편안한 자세로 각자 컴퓨터를 할 수 있는 것이다.

뻥 뚫린 아래층 공간 한쪽은 다시 작은 공간들로 나누어져 있었다. 각각의 공간에서는 아이들이 자유로운 모습으로 친구들과 함께 다양한 활동을 하고 있었고, 우리 일행에게 거침없이 환영 인사를 건네기도 했다. 언뜻 보면 카페 같은 곳에서 수다를 떨고 있는 듯한 분위기였다. 다소 낯설었지만, 무질서하다기보다 편안

드와이트중고등학교 도서관의 내부 모습.

트라비스는 구조화된 정보들을 보여 줄 수 있는 플라스마 스크린을 계단 정중앙에 설치할 생각이다.

한 공간에서 자유롭지만 휴식을 취하고 있다는 느낌이었다. 물론 조용하게 공부할 수 있도록 방음 시설이 되어 있는 공간도 준비되어 있었다.

2층으로 올린 책들은 철제 책꽂이에 꽂혀 있었다. 보통 다른 학교는 대부분 나무 책꽂이를 사용하는데, 이 학교는 책꽂이조차 철제로 되어 있어 디지털 도서관에 어울리는 분위기를 연출했다. 안 읽거나 너무 오래된 책들, 연도가 지난 저널 종류를 과감히 버렸다고는 했지만, 책들의 느낌은 조금 낡아 보였다. 진열에 신경을 많이 쓴 흔적이 보이기는 했지만, 새 책에 투자되는 비용이 비교적 적어서인지 업데이트된 느낌은 아니었다. 어쩐지 책들이 약간은 천덕꾸러기처럼 취급당한다는 생각마저 들었다.

트라비스는 2층과 연결되는 도서관 중앙 계단을 가리키면서 이곳에 최근 발행 자료들을 한꺼번에 구조화하여 제시할 수 있는 플라스마 스크린을 구상하고 있다고 했다. 바로 이 플라스마 스크린이 디지털 도서관의 핵심이 될 모양이다.

그는 아주 많은 도서관을 보고 이 도서관의 공간을 구성했지만, 기존 선생님들은 반발이 심했다고 덧붙였다. 아무래도 기존 선생님들 입장과 더 가까운 우리에게도 신선한 충격이었으니, 이곳이 꼭 정답은 아닐지라도 이러한 마인드가 받아들여지고 실현된다는 것이 놀라웠다.

첨단 기술과 함께 하는 지성의 공간

우리가 생각하는 도서관은 책을 통해 정보를 얻고 재미도 느끼고 지친 삶에 위안도 얻는 곳이다. 또한, 책이 매개체가 되어 사고를 확장하고 새로운 발상을 한다고도 생각해 왔다. 그래서 책이 없는 도서관은 상상할 수 없었다. 책이 보관되고 책을 볼 수 있는 공간으로 도서관을 생각해 왔다. 하지만 이곳 드와이트의 생각은 달랐다. 총책임자 트라비스는 전달 매체가 책인지 컴퓨터인지 중요하지 않고 그 안에 있는 정보가 중요하며, 정보 측면에서는 데이터베이스를 구축하는 것이 중요하다고 보고 있었다. 학교도서관이 오로지 책을 통해 정보를 제공해서는 안 된다는 생각이 저변에 있는 듯했다.

미국 대학 도서관에서 사용하는 프로그램 가운데 검색어를 넣으면 연관된 모든 단어가 마치 마인드맵처럼 구조화되어 보이고, 그중 하나를 클릭하면 다시 그 단어와 연관된 단어들로 넘어가 끝없이 사고의 확장을 돕는 프로그램이 있다는데 드와이트에서 트라비스가 구상하고 실천하려는 것들이 그런 맥락이 아닌가 싶다. 구조화된 정보들을 보여 주기 위해 도서관 중앙 계단에 큰 모니터(플라스마 스크린)를 설치하여 어떤 사회현상에 대해 학생이 검색하면 현상 자체에 대한 정보는 당연한 거고 그것에 대한 다양한 시각 등, 더 뻗어 나간 정보들을 정리하여 제공한다는 것이다. 예를 들어 보수와 진보의 관점 등을 보여 주고, 필요하면 도표화 혹은 시각화까지 시키겠다는 생각인 듯했다. 즉, 아이들이 궁금해할 것 혹은 미처 생각이 닿지 않아 놓칠 수 있는 부분들을 미리 예상하여 입력해 놓은 데이터베이스를 구축한다는 것이다.

학생들이 시사, 이슈Current event를 연관된 정보들까지 함께 습득함으로써 형평성 있는 시각을 키울 수 있도록 하면 뜻밖의 기회를 창출하고 삶의 지성적인 면을 풍부하게 가꾸어 줄 수 있을 것이라고 그는 확신에 차서 설명했다. 그러려면 옛날 서적부터 최근 발행 자료들까지 한꺼번에 정리하여 스크린으로 연결시키는 작업이 필요할 것이다.

이곳 드와이트고등학교에서 추구하는 학교도서관이 미국 사회가 지향하는 미래의 학교도서관 모습이라고 단정하긴 어렵지만 그들이 한 고민의 흔적은 마음에 다

도서실 한쪽을 카페와 작은 세미나실처럼 꾸몄다.

총책임자 트라비스와 호흡을 같이한다는 문헌정보학 전공 사서교사.

가왔다. 하지만 중요한 것은 그가 하는 고민과 우리가 하는 고민의 시점이 다르다는 것이다.

정식 인터뷰가 아닌, 젊은 사서교사와 나눈 짧은 인터뷰였기 때문에 드와이트 학교도서관이 학습 지원 센터로서는 어떤 일을 하고 있는지 구체적인 정보를 알 수 없었다. 하지만 드와이트초등학교에서 확인한, 초등 3학년부터 매체 전문가 선생님을 통해 정보 활용 교육이 체계적으로 이루어지고 있음을 확인할 수 있었다.

이곳 총괄자인 트라비스가 책을 넘어선 도서관을 시도할 수 있었던 배경에는 드와이트 유치원부터 중등교육까지 도서관이 이미 학습 지원 센터로서 충실히 역할을 하고 있다는 점, 유치원부터 초등 2학년까지 컴퓨터를 절대적으로 금하고 책만을 통해 정서교육을 하는 점, 초등 3학년부터 교육과정에 체계화된 정보 활용 교육이 바탕이 된다는 점, 그 이후 중등교육까지 기본적으로 학습 지원을 아끼지 않는다는 점은 결코 무시해서는 안 될 배경이다.

스마트폰 시대의 우리 학교도서관

스마트폰 시대에는 사람들도 스마트해지는 듯하다. 궁금한 것이 있으면 지체 없이 손가락을 움직여 알아내고야 만다. 기계가 겁이 나는 중년층도 능히 할 수 있을 정도로 간단하다. 우리나라도 IT 강국이란 명성에 걸맞게 빠른 속도로 개인 PC(스마트폰)를 상시 휴대할 전망이다.

내가 근무하는 학교는 강남에 위치한 학교라 아이들이 최신형 스마트폰을 많이 휴대하고 있다. 요즘 우리 학교는 이 개인 PC 문제로 논쟁 중이다. 부모의 통제에서 벗어나 게임을 즐기는 아이들에게 수업 시간은 뒷전이다. 아이들은 일찍 등교해 작은 화면에 코를 박고 게임에 열중하다가 수업 종이 울려도 게임의 환상에서 벗어나지 못한 채 수업에 임해 교사를 아득하게 한다. 논술경시대회나 백일장을 하는 날은 스마트폰으로 검색해서 블로그에 올라와 있는 비슷한 글을 쓰는 아이를 염두에 두어야 한다. 인근 학교들은 이미 휴대폰의 기능을 넘어선 이 개인 PC가 아이들 학교생활에 너무 큰 방해가 된다고 판단하여 내규를 만들어 휴대폰 소지를 금지하고 있고, 우리 학교 역시 준비 중이다.

이처럼 컴퓨터가 아이들 학습과 정서에 도움이 될 수 있다는 생각을 하지 못했던 우리에게, 학생 전체에게 랩탑을 나누어 주고 랩탑을 중심으로 학습이 이루어지는 드와이트고등학교는 매우 인상적이었다. 또한 컴퓨터 때문에 책을 읽는 아이가 줄어들고 있다고 생각하는 우리는, 도서관에 대형 모니터를 설치하여

아이들은 작은 세미나실에서 삼삼오오 모여 탐구 과제를 수행한다.

끝없는 정보의 바다를 헤엄쳐 다니게 하고 싶어 하는 드와이트 학교도서관 총책임자의 구상은 놀라움 그 자체이기도 했다. 이곳은 우리에게 체계적인 정보 활용 교육이 절실하게 필요하다는 생각과 함께 미래 우리 학교도서관의 모습도 함께 고민하게 했다.

교과부가 '학교도서관 활성화 종합 방안 5개년 계획'을 발표하고 10년이 지난 지금, 외형적으로는 우리나라 학교도서관들도 제법 그 모양새를 갖춘 듯하다. 디지털 도서관 구축에 힘을 기울인 덕에 대출입 전산화도 이루어졌고 검색용 컴퓨터들도 몇 대씩 구비하게 되었다. 그러나 그뿐이다. 우리나라 학교도서관에는 책임을 맡아 운영할 '전문 인력'이 없다. 우리나라 학생들과 교사들은 도서관의 수많은 책과 자료에 대해 자세히 안내받아 본 적이 없고 특히, 웹 자료 활용에 대해서는 백치에 가까우리만치 무지하다. 외양은 얼추 21세기 꼴을 하고 있지만, 속내는 19세기에 머물러 있는 형상이다.

수많은 책으로 둘러싸인 드넓은 도서관 공간에서 학교에서 지급받은 개인 랩탑을 탁자에 올려놓고 삼삼오오 탐구 과제를 수행하는 드와이트 아이들과 스마트폰에 코를 박고 게임에 몰두하고 있는 우리 아이들. 이 머나 먼 간극을 어찌 좁혀 나가야 할 것인가는 드와이트가 안겨 준 또 하나의 과제였다.

소개합니다

학교 위치_315 E Palisade Ave, Englewood, NJ 07631-0763
연락처_(201)569-9500
홈페이지_http://www.d-e.org
제공 학년_Pre K-12
교사 대 학생 비율_1:9
교과 과정_영어, 수학, 역사, 사회, 과학 등 학년별로 다양한 커리큘럼 제공

드와이트학교는 유치원부터 12학년까지 무한한 교육적 경험을 제공하는 남녀공학 사립학교다. 초등부, 중등부, 고등부 서로 다른 특성을 가진 3개 학교로 구성되어 있다. 베르겐 카운티에서 가장 다양성을 존중하는 학교로 뉴욕과 뉴저지 80개 도시를 대표하는 학생들이 다니고 있다. 이 학교는 중부학교연합Middle States Association of Colleges and Schools과 뉴저지 교육부로부터 인가받아 사립학교연합에 소속되어 있다. 드와이트학교는 대학 진학을 위한 질 높은 준비교육을 제공함과 동시에 독립적인 사고력, 문제 해결력, 기술과 기능, 인내와 청렴 교육 등을 통해 다양성의 세계에서 성공할 수 있도록 이끌고 있다.

교과 교사와 사서교사가 함께한 중국어과 프로젝트 수업

김윤미 • 서울 동성고 교사

학생들이 좀 더 다양한 자료를 통해 결과물을 도출해 낼 수 있도록 도서관과 협력하여 프로젝트를 진행하기로 했다. 중국어교사와 사서교사가 계획 단계부터 평가 단계까지 공동으로 협력한 프로젝트 과정을 소개한다.

일시	수업 내용	대상	장소
2011년 10월 13일~14일 (협력 수업 1차시)	수업의 성격, 기간, 평가 방법	중국어교사	도서관
	주제 선정(개념도 그리기), 정보 길잡이 제공	사서교사	
2011년 10월 14일~18일 (협력 수업 2차시)	도서 검색(도서 자료 및 필요한 부분 적기)	사서교사	도서관
2011년 10월 18일~20일 (협력 수업 3차시)	온라인 자료 검색 (검색엔진, 신문, 논문, 데이터베이스)	사서교사	정보검색실
2011년 11월 1일	중간 평가(개념도, 요약, 저널)	중국어교사 사서교사	도서관
2011년 11월 2일~4일 (협력 수업 4차시)	참고 문헌 적기 및 PPT 만들기	사서교사	정보검색실
2011년 11월 14일	최종 보고서 및 PPT 완성	중국어교사 사서교사	
2011년 11월 21일~12월 6일	프로젝트 발표	학생	도서관
2011년 12월 9일	프로젝트 평가	중국어교사 사서교사	도서관

활동 1 | 1차시 : 과제 설명 및 주제 선정

- 과제를 위한 중국 문화 프로젝트 정보 길잡이를 제공한다.

- 주제 선정하기

- 개념도 그리기 활동지 활동하기

활동 2 | 2차시 : 도서 검색

- 학교도서관에 소장하고 있는 중국 문화 프로젝트 관련 도서를 미리 책 수레에 모아 둔다.
- 도서 요약 활동지 : 주제에 맞는 도서를 찾아 필요한 부분 적기
- 개념도 그리기 활동지 활동하기

활동 3 | 3차시 : 전자정보원 검색하기

- 신문 기사 검색 : www.kinds.or.kr
- 검색엔진 : 구글 www.google.co.kr/ 네이버 www.naver.com 상세 검색 방법 지도하기
- 학술 논문 전문 데이터베이스 : DBpia www.dbpia.co.kr
- 검색 저널에 기록하기

활동 4 | 4차시 : 탐색한 자료 기록 및 PPT 제작 방법

- PPT 효과적으로 만들기
- 참고 문헌 제대로 적기

활동 5 | 5차시~6차시 : 학생 발표

  파워포인트 프로그램을 이용하여 발표하기
- 매 학생 발표 후 교과 교사는 학생의 발표에 대해 정리한다.

활동 6 | 프로젝트 평가(교과 교사, 사서교사)

- 교과 교사와 사서교사가 공동 평가한다.
- 수행평가 20점(활동(5), 검색 및 출처(5), 표현(5), 발표(5))

중국 문화 프로젝트는 교과과정 내에서 교과 교사와 사서교사가 협력하여 시도한 첫 과제라는 점에서 의의가 있다. 학생들은 발표 주제에 대해 다양한 정보원을 활용하여 주체적으로 탐구하는 모습을 보여 줬다.

학교도서관, 우리의 미래다

백화현 • 서울 봉원중 교사

외국을 여행할 때 그 나라의 과거를 알고 싶으면 박물관에 가 보고, 그 나라의 현재를 알고 싶으면 시장에 가 보고, 그 나라의 미래를 알고 싶으면 도서관에 가 보라는 말이 있다. 이 말은 예전부터 잘 알고 있었음에도 북미 도서관 여행길 내내 내게 새로운 충격이고 아픔이었다. 물론 박물관이나 시장 때문이 아니라 바로 우리의 '미래'가 달린 도서관 때문이다.

앞서도 말한 바 있지만, 우리가 방문했던 학교의 교장 선생님들은 하나같이 '학교도서관은 학교의 심장이다. 우리는 도서관 없는 교육은 생각할 수 없다', '도서관은 중요한 것들 중 하나가 아니라 가장 중요한 것이다'는 말을 할 만큼 '학교가 곧 도서관이고, 교육이 곧 도서관이다'고 여기고 있다. 우리에게는 너무도 낯선 발상이지만, 생각해 보면 이러한 사고가 그들에게는 지극히 당연한 것이기에 '도서관은 미래를 가늠하는 잣대'라는 진단이 가능했을 것이다. 학교는 미래를 이끌어 갈 아이들을 대상으로 교육하는 곳이고, 교육을 담당하고 있는 학교의 심장이 곧 도서관이니 말이다.

지식 정보화 시대의 아이들과 도서관

우리 아이들이 살아가고 있고, 살아가야 할 시대가 '지식 정보화 시대'가 아니라면 '그들의 잣대일 뿐'이라며 무시할 수도 있었을 것이다. 그러나 우리 아이들은 이제 '풍부한 지식과 정보를 기반으로 새것을 창조해 낼 것을 요구받는 '지식 정보화 시대'를 살아가고 있고, 살아가야 한다. 이러한 시대에는 '교과서'와 '문제집'을 외우다시피 하여 '정답 하나'를 잘 골라내는 아이가 아니라 폭넓은 책과 자료들을 찾아 읽고 나름대로 분석하고 종합하여 '자기만의 답'을 말할 수 있는 아이가 크게 환영받을 수밖에 없다. 이러한 시대에 '세상의 온갖 책과 자료들을 보유하고 있고 스스로 공부할 수 있는 힘을 길러 주는 도서관'이야말로 아이들의 미래, 곧 그 나라의 미래라는 것을 누군들 부정할 수 있으랴.

그러나 우리의 도서관은 참담하리만치 열악하니 이 일을 어찌해야 할까? 2008년 서유럽 도서관을 탐방했을 때, 파리 근교의 성마리학교(초·중·고가 함께 있는 사립학교로 전교생이 600명이다)의 도서관에 사서교사 둘, 사서 둘, 이렇게 전문 인력이 4명씩이나 근무하고 있는 것을 보고 너무나 부럽고 슬퍼 여행하는 내내 마음이 무거웠던 기억이 난다. 그때 우리는 1만 1천 개가 넘는 초·중·고 학교에 사서교사가 이제 갓 700명을 넘어서고 있었고, 2008년에 9명의 사서교사를 임용한다 했으니 다 합해도 710여 명. 그렇다면 전국의 학교에 사서교사를 1명씩 배치하려면 몇 년이 걸릴까? 지금처럼 해마다 9명씩 임용한다면 1천 년 하고

도……. 순간, 맥이 탁 풀리며 눈물을 쏟고 말았던 아픈 기억.

우리의 학교도서관은 여전히 '도서 대여점' 수준을 벗어나지 못하고 있다. 그렇기에 굳이 '사서교사'가 있어야 할 이유가 없다. 우리에게 학교도서관은 가고 싶은 사람은 가고 가기 싫은 사람은 가지 않아도 되는 곳이며, 우리에게 독서는 읽고 싶은 책은 읽고 읽기 싫은 책은 읽지 않아도 되는 '취미 활동'일 뿐이다. 곧 우리의 학교도서관은 교과목 공부와는 전혀 상관없는, 도서 대여점과 똑같이 '책을 대출하고 반납하기'만 하면 되는 곳이다. 그렇기에 우리의 학교도서관에는 북미의 학교도서관처럼 교과목 교사들과 함께 협력 수업을 진행하거나 학생들에게 도서관의 수많은 책과 정보를 자세히 안내해 줄 수 있는 '사서교사'가 없더라도 아무런 문제가 되지 않는다. 아이들이 골라 온 책을 대출해 주고 가져온 책을 반납 처리만 하면 되는 곳에 비싼 임금을 주고 '사서교사'를 앉혀 놔야 할 이유가 없는 것이다. 그러나 내내 말했듯 21세기는 그 어느 때보다 지식과 정보를 중시하고 그러한 지식과 정보를 바탕으로 새로운 것을 창조해 낼 수 있는 사람을 필요로 하는 '지식 정보화 시대'가 아닌가. 언제까지 학교도서관이 이처럼 도서 대여점의 역할만 하고 있을 것인가?

그렇다 하여 독서 문제를 입시와 연결시켜 강제하고 획일화시키려는 '독서인증제'나 '독서교육종합지원시스템'을 지지하려는 것은 아니다. 뿐만 아니라 아이들의 '읽지 않을 권리'를 주장할 만큼 낭만적이지도 않다.

우리는 도서관 운동과 독서 운동을 통해 아이들에게 미래를 꿈꾸게 해 주고, 학교도서관을 통해 가난한 아이든 부자 아이든 똑같이 '읽을 권리'를 누리게 해 주고자 하는 것이다. 또한, 우리의 주된 관심사는 학령기 아이들에게 '의무교육'이 마땅하고 '교과서 공부'가 당연한 것처럼, 어떻게 해야 모든 학교에 '도서관'이 마땅한 것이고 교과서와 문제집이 아닌 도서관의 '수많은 책과 자료를 활용한 공부'가 당연한 것이 되게 할 수 있을까 하는 것이다. 지식 정보화 시대를 살아가야 할 아이들이 지식과 정보로부터 소외가 된다는 것, 그것이야말로 '불평등의 원천'이고 미래를 앗아 버리는 일일 테니.

아이들의 읽을 권리, 공부가 곧 독서가 되어야 한다

우리나라 사람들은 초등학교 때 가장 폭넓은 독서를 한다. 이때의 아이들은 그림책과 동화책을 주로 읽지만 가끔씩은 역사책과 과학책 그리고 도감류도 읽는다. 그러나 중학생이 되면 만화책과 판타지, 대중소설류 외에는 거의 읽지 않는다. 고등학생이 되면 그마저도 읽을 시간이 없어 많은 아이가 '만화책' 외에는 찾지 않는다. 대학생이 되어도 마찬가지다. 우리나라의 대학생들은 전공과 상관없이 '영어'와 '고시'에 매달리느라 '교양서'는 물론이고 '전공서'를 읽을 시간조차 없다. 이런 아이들이 성인이 되었다 한들 '독서'를 할 것 같은가? 우리나라 성인들 절반 이상이 1

년에 교양서를 단 한 권도 읽지 않을 만큼 책과는 담을 쌓고 살아
간다. 왜 그럴까? 모두가 하나같이 '독서는 중요한 것'이라고 말
하면서도 왜 읽지 않는 것일까? 그것은 독서하는 것이 그만큼 어
렵기 때문이다.

지금까지 우리에게 '독서'는 취미 활동 이상이 될 수 없었다.
우리의 학교 공부는 '교과서'만으로도 충분한 것이었기에 힘들게
여러 책을 읽어야 할 이유가 없었다. 곧 독서는 공부와 전혀 별개
의 것으로 취미가 있고 없고에 따라 하는 '취미 활동 영역'이었던
것이다. 그렇다 보니 시간의 여유가 있는 초등학교 때는 폭넓은
독서를 하던 아이들마저 중학생이 되고 고등학생이 되면 서서히
책으로부터 멀어질 수밖에 없고 읽더라도 '쉽고 재미있는 책' 외
에는 찾지 않게 된 것이다. 반면에 우리가 방문했던 북미의 아이
들은 오히려 학년이 높아질수록 도서관의 수많은 책과 자료를 스
스로 찾아 읽으며, 글을 쓰고 토론하는 공부를 해야 했기에 점점
더 넓고 깊은 독서로 나아갈 수 있게 된 것이다.

쉽고 재미있는 만화책이나 판타지, 스토리가 흥미진진하고 감
동적인 소설책은 환경만 잘 갖춰 주면 혼자서도 어렵지 않게 읽
을 수 있다. 그러나 아무리 도서관 환경을 잘 갖춰 놓는다 해도
철학책과 역사책, 종교와 예술, 과학, 정치와 경제 등과 같은 딱
딱한 책들은 타고난 독서가가 아니라면 혼자서 지속적으로 읽어
나가는 일이 매우 어렵다. 더구나 오늘날처럼 책 말고도 재미난
것들이 수두룩한 세상에서는 더더욱 그렇다. 그만큼 독서는 어려

운 것이다. 그렇기에 독서는 강제나 명령으로 될 일이 아니거니와 좋은 책과 쾌적한 환경만으로 해결될 일도 아니다.

이처럼 어려운 독서이기에 아이들을 독서의 세계로 이끌기 위해서는 선진국의 여러 나라처럼 아주 어린아이였을 때부터 자연스럽게 도서관을 이용할 수 있도록 거리마다 공공도서관을 세우고 그 나이에 맞는 독서 프로그램들을 운영하여 자연스럽게 책을 좋아할 수 있도록 이끌어야 한다. 그리고 학령기가 되어 학교에 가면 사서 선생님이 들려주는 책 이야기를 정기적으로 들을 수 있도록 해 주고, 학년이 높아질수록 공부가 독서이고 독서가 공부일 수 있도록 학교도서관의 다양한 책과 자료들을 활용한 '도서관 협력 수업', 곧 학생 중심의 탐구 수업과 발표·토론 수업 등을 활발하게 펼쳐야 한다.

컴퓨터와 웹 자료를 주목하자

이번 북미 도서관 탐방을 통해 큰 충격과 함께 답을 얻기 어려웠던 문제는 '컴퓨터와 웹 자료의 문제'였다. 우리에게 독서는 곧 '책 읽기'이고 도서관은 '책을 보고 빌릴 수 있는 곳'이라는 생각이 지배적인 탓에 '전교생에게 랩탑을 배부한다', '몇 년 전부터 책 구매비보다 웹 자료 구매비가 더 들어간다'는 말들은 너무도 놀랍고 생소한 것이었다. 2008년 서유럽 도서관을 탐방했을 때도 많은 감동과 놀라움, 또 부러움으로 여행에서 돌아온 한참 후까지 마음을 진정하기 어려웠는데, 이번 북미 도서관 탐방은 1년이 지난 지금까지도 마음을 추스르기 힘들다.

생각하면 '정보화 시대'에 '컴퓨터와 웹 자료'를 중시해야 함은 너무도 당연하다. 더구나 우리는 이미 세계가 인정하는 IT 강국이 아닌가. 컴퓨터와 스마트폰 등의 기기는 말할 것도 없고 이찬진의 '아래아한글', 안철수의 'V3 백신' 등, 우리에게는 세계를 깜짝 놀라게 한 소프트웨어들도 있다. 또한 집집마다 PC와 인터넷을 사용하지 않는 집이 없을 만큼 'PC와 인터넷 보급률 세계 1위'를 달리기도 한다. 이런 우리에게 어째서 '책 자료 구매비보다 웹 자료 구매비가 더 들어간다'는 말은 그처럼 머나먼 외계에서 들려오는 말처럼 낯설고 아득했을까?

우리 아이들에게 컴퓨터는 오락기이고 소통의 도구일 뿐 학습의 도구로 쓰이지는 않는다. 드와이트초등학교 아이들이 2학년 때까지는 컴퓨터를 이용할 수 없지만, 3학년 때부터는 정보 선생님에게 검색 방법과 도움받을 수 있는 웹 사이트, 또 인터넷 예절 등을 배우며 컴퓨터를 학습 기기로 접근하는 것과는 큰 차이가 있다. 이는 토론토의 조이스초등학교에서도 엿볼 수 있었고, 조금의 차이는 있었지만 우리가 방문했던 모든 학교도서관과 공공도서관에서 공통적으로 나타나는 모습이었다. 그들은 컴퓨터 안의 수많은 자료를 어떻게 빠른 속도로 정확하게 검색하여 자신의 것으로 만들어 가게 할지, 단계별로 아주 상세하면서 철저히 교육하고 있었다. 그들은 '책'만 고집하지 않았다. 어린아이였을 때는 당연히 '책'이 중심이지만, 고학년으로 올라가면서 서서히 '웹 자료 활용률'을 높여 가고 있었던 것이다.

빌 게이츠는 '가장 갖고 싶은 능력'이 무엇이냐는 질문에 '빨리 읽을 수 있는 능력'이라고 답했단다. 그는 "나를 키운 것은 조국도 아니고 어머니도 아니고 마을의 작은 도서관이었다."라고 말할 만큼 소문난 독서광이다. 누구 못지않게 빨리 읽을 수 있었음에도 '더 빨리 읽을 수 있는 능력'을 원했다니, 그를 흠모하지는 않더라도 지식 정보화 시대를 살아야 하는 아이들의 미래를 생각할 때 그 말을 깊이 새겨들을 필요는 있을 것이다.

한 세대에서 교실의 철학이
다음 세대에서는 정부의 철학이 된다

지식 정보화 시대의 아이들을 종일토록 의자에 앉혀 놓고 단순한 교과서 지식만을 떠먹여 주는 교육은 시대착오적인 것이다. 그러면 아이들로 하여금 어떻게 도서관의 수많은 책과 자료를 활용하여 스스로 배움의 길을 가게 할 것인가? 이는 '교과서'의 힘을 약화시키고 '과정 평가 100퍼센트'를 지향할 때, 또 학교마다 사서교사를 배치하고 도서관을 그 중심에 위치시킬 때야 비로소 가능할 것이다.

그러나 아무것도 하지 않고 정부만을 마냥 바라보고 있는 동안 아이들은 벌써 청년이 되어 버린다. '이태백(20대 태반이 백수)'이니 '88만 원 세대(우리나라 10대와 20대를 일컫는 말)' 니 하는 말은 단지 우스갯소리가 아닌 우리 청년들의 현실이다. 그들이 그렇게 된 데는 정부의 책임이 크다. 또한 우리나라 많은 학부모의 '왜곡된 교육열' 탓도 크다. 학교와 교사에게도 책임을 묻지 않을 수 없다. 그러나 언제까지 그렇게 '탓' 만 하고 있을 것인가?

뜻있는 사람들, 그중에서도 교사들이 먼저 나서야 한다. 교사는 학부모보다 '전문성' 을 가진 사람들이고 정부보다 '아이들' 을 사랑하고 잘 알고 있지 않은가. 학교는 아이들의 현재뿐 아니라 미래를 내다보는 교육을 해야 하며, 그러한 교육을 직접적으로 실행하는 교사는 '멀리 내다보는 교육' 을 할 수 있어야 한다. 힘은 미약하지만, 링컨이 말한 것처럼 한 세대에서 교실의 철학이 다음 세대에서는 정부의 철학이 될 수 있다.

북미 도서관 여행길은 이러한 우리의 믿음을 더욱 견고히 해 주었고 우리가 가야 할 길을 더욱 뚜렷이 보여 주었다. 이 길 위에 많은 사람이 함께할 수 있기를 바란다.

미주

1

Help Your Child Learn to Read
1. What?
Family Reading Sessions
 - Discover how to help your child learn to read.
 - Make reading fun!
 - Interactive reading session on the computer(WiggleWorks).
 - Each week you will be provided with a book to take home.
2. Who?
Grade 1 students and their parents
3. Why?
Reading with your child is the most valuable thing you can do to help your child
learn to read.
4. When?
3 Wednesday after-school sessions from 3:15 to 4:30 pm, February 5, 12 and
   19, 2003
5. Where?
Joyce Public School, Computer Lab(Library)
6. How?
If you and your child are interested in attending the Family Reading Sessions,
please mark the days on your calendar and return the form below to your child's
teacher.

2

Reading With Your Child
 - Make reading a fun activity that you do together regularly.
 - It's all right to read the same book more than once. Children enjoy the familiari-
   ty of the story and learn to read many of the words this way.
 - Allow finger pointing to the words and under the line of print. This helps your
   child to focus in where he or she is on the page.
 - Let your child see you reading - a book, newspaper, article, the Internet, letters.

Don't expect your child to engage in reading if he or she never sees you reading.
- Allow your child to make errors when reading. You don't need to correct every error unless it spoils the meaning of the story.
- Tell your child the words they don't know to keep the story flowing smoothly. Sounding out every word can be tedious and boring, and the results will seldom be accurate. Many English words are hard to sound out because of their spelling. Focus on the meaning of the reading.

3

How do you know~?(어떻게 알게 되었니?)
How would you~?(너라면 어떻게 하겠니?)
Why did~?(왜 그렇게 했을까?)
How do you feel about~?(~에 대해서 어떤 느낌이었니?)
What if~?(만약 ~었다면 어땠을까?)
What does this remind you of~?(이것을 보고 무엇이 떠오르니?)
What do you already know about this~?(이것에 대해 이미 알고 있었던 것은 무엇이니?)
What did you like~dislike~why?(너는 무엇이 좋고, 싫으니? 그 이유는?)

4

1. Prepare for Research : Explore your topic, Brainstorm, Define your focus, Organize research folder with key question.
2. Access Resources : Locate & Evaluate resources, List key search words, Locate information, Record resource information
3. Process Information : Read & Select, Sort, Review, Evaluate.
4. Transfer Learning : Plan Presentation(Oral, Visual, Written, Multimedia), Organize Information, Create Draft, Final Presentation, Reflect, Extend

5

(The Inquiry and Research Process)
How well can you research?
You can become a better researcher by following the steps of the research model. The research process will help you define what you want to know, provide you with the steps to follow, and help you apply your new knowledge from one research project to the next.
I am an Effective Researcher.

Stage 1 : Wonder and Explore

I know how to prepare for research.

- I understand my task.
- I brainstorm information on my research topic.
- I create a research question.

Stage 2 : Search and Select

I know how to access resources.

- I know where to look for information.
- I use the School Library Website to find good resources.
- I check a variety of resources.
- I use the Table of Contents, indexes, and menus to locate information.

Stage 3 : Think and Connect

I know how to process information.

- I check and evaluate my resources.
- I record the information in my own words.
- I check if my information answers my question.
- I arrange and organize my information.
- I plan an outline.

Stage 4 : Create and Share

I can transfer my learning.

- I odit and revise my work.
- I list my resources.
- I prepare my final copy.
- I practise, rehearse, and share what I have discovered.
- I conference with others.
- I think about what I have learned and what I could do better.

6

로버트 프로스트(Robert Lee Frost, 1874.3.26~1963.1.29)는 캘리포니아에서 태어났으나 10세 되던 해에 뉴잉글랜드로 이주하여 오랫동안 버몬트에 있는 한 농장에서 살았다. 후에 농장에서 생활한 경험을 살려 소박한 농민과 자연을 노래하는 현대 미국 시인 중에서 가장 순수한 고전적 시인으로 꼽힌다.

Mondays 2:30–3:30	Tuesdays 2:30–5:30	Wednesdays 2:30–4:30	Thursdays 2:30–4:30	Fridays 2:30–5:30
College Partnership Room 411	CLUB FROST 8th Grade Gym ACTIVITIES INCLUDE ↓↓	Cavalier HW Club Room 212, 108, 101	After School Universe Room 203	CLUB FROST 8th Grade Gym ACTIVITIES INCLUDE ↓↓
Computer Programming Club(1st&3rd Monday)		CHAT Club 8th Grade Gym Basketball &Games	Art Club Room 401	
Discovery HW Club Room 210		Cooking Club Room 08(meet in cafeteria) Meeting Dates–2/23, 3/30	CHAT Club 8th Grade Gym	
Game Zone Room 413		Frost Ambassadors Lecture Hall	Computer Mod Club Room 205	SNACK BASKETBALL SOCCER DDR & WII BOARD GAMES COOKING COMMUNITY HELP
History Club Room 204	SNACK BASKETBALL SOCCER DDR & WII BOARD GAMES CRAFTS COMMUNITY SERVICE HOMEWORK HELP	Game Zone Room 413	Deaf Club Cafeteria Meets 1st Thursday of each month	
Hockey Club 7th Grade Gym		Girls Club Room 207 (Every other week)	Debate Club Room 311 (every other Thursday)	
Hockey Club 7th Grade Gym		Girls Club Room 207 (Every other week)	Debate Club Room 311 (every other Thursday)	
Homework Club Library		Library Homework Club Library	Extra 8th Grade Math Help Room 503, 506 or 507	
Mathalicious! Room 506		Science Homework Club Room 210	Game Club Room 302/7th Grade Gym	
Project A.D.A.M. Room 302		SGA Lecture Hall/Room 511	Game Zone Room 413	
Seekers Study Hall Room 504, 205 or T–6 as announced		Soccer Referee Course Lecture Hall Date: Feb 2– March 9	Girls in Track Meet In the Cafeteria	
Sports Monday 8th Grade Gym	Girls on Track Meet in the Cafeteria	Teacher academic help Various rooms	Guitar Club Room 303	Pick UP Football Meet in 8th Grade Gym
Teacher academic help Various rooms	Girls on Track Meet in the Cafeteria	Volleyball Club 7th Grade Gym	Library Homework Club Library	ANIME Library(Every other Friday)
The Zone HW Club Room 512		The Zone HW Club Room 512	Soccer Referee Course Lecture Hall Dates: Feb 2– March 9	
			Travelers HW Club Room 505	
			TSA Room 410	
			Teacher acedemic help Various rooms	
			UFO Club Room 301(Every other week)	
			TEARBOOK Room 509	

북미 학교도서관을 가다

<h2 align="center">2학년 국어 시인 탐구 프로젝트 안내문</h2>

1. 목적 : 스스로 시인을 탐구하여 보고서를 작성케 함으로써 시에 대한 관심을 높이고 탐구 능력을 기른다.

2. 내용
   (1) 탐구 기간 : 2011. 3. 28(월) ~ 4.11(월)
   (2) 탐구 보고서 제출일 : 2011. 4. 12(화) ~ 4.13(수)
   (3) 탐구 방법
       가. 탐구할 시인 정하기
       나. 관련 책과 자료 찾아 읽기
       다. 보고서 쓰기(3쪽~5쪽)
           – 탐구 목적
           – 탐구 기간
           – 탐구 방법
           – 탐구 내용(시인의 삶, 시인의 시 세계, 시인의 문학사적 의의, 탐구 후기)
           – 참고 문헌 및 자료

3. 평가 : 2학년 1학기 중간고사 프로젝트 과제물 10점

평가 항목	배점	평가 기준
탐구 계획서 작성	2점	· 충실하다 2점 · 부족하다 1점 · 미제출 0점
탐구 보고서 내용	8점	· 평가 기준 – 분량(글자 크기 11포인트로 3쪽~5쪽)이 적정한가 – 보고서 양식을 잘 갖췄는가 – 내용에 진정성과 깊이가 있는가 – 표현이 정확하고 참신한가 – 출처를 분명히 명기했는가 에 따라 매우 우수(8점), 우수(7점), 보통(6점), 미흡(5점), 매우 미흡(4점), 미제출(0점)로 평가함. *특별한 이유 없이 제출 기한을 어겼을 때는 2일 단위로 1점씩 감점.

* 모두 능동적으로 움직여 스스로 배워 가는 기쁨을 얻을 수 있도록 합시다.

국어 시인 탐구 계획서

2학년 (　　)반 (　　)번 이름(　　　　　　)

1. 탐구할 인물은?

2. 탐구에 사용할 책과 자료는?

3. 언제 어디서 어떻게 탐구할 것인가?
　언제 :
　어디서 :
　어떻게 :

4. 이 시간에 조사한 내용은?

2학년 국어 인물 탐구 프로젝트 안내문

1. 목적 : 자신이 평소 관심을 갖고 있었거나 훌륭한 사람이라고 생각한 사람에 대해 <u>스스로</u> 탐구해 봄으로써 자아를 새롭게 발견하고 <u>스스로</u> 배울 수 있는 힘을 얻을 수 있다.

2. 탐구 내용 및 방법
　가. 자신이 탐구하고 싶은 인물을 한 사람 선택한다(역사적인 인물이어도 좋고 현재 활동 중인 작가, 시인, 화가, 음악인, 정치인, 경제인, 연예인, 운동선수 등이어도 좋음).
　나. 그의 일생과 업적을 책(1권 이상)과 웹 자료를 이용하여 탐구한다.
　다. 탐구한 내용을 '보고서', 혹은 '그림책', 혹은 '만화책', 혹은 '병풍'이나 '포스트 상자' 형태 등 자신이 좋아하는 형식에 담는다.
　　* 보고서 형태 : '1. 탐구 목적 2. 탐구 기간 3. 탐구 방법 4. 탐구 내용(인물의 삶과 업적) 5. 탐구 후기 6. 참고 문헌 및 자료' 등의 내용으로 사진 자료 포함 3쪽~5쪽.
　　* 그림책과 만화책 : 표지에 제목, 지은이, 출판사를 쓰고 책 안에 서문과 본문(인물의 삶과 업적), 후기를 담아내면 됨. 10쪽 안팎.
　　* 병풍이나 포스트 상자 형태 : 역시 제목, 서문, 본문(인물의 삶과 업적), 후기가 있어야 함. 병풍은 10폭 정도, 포스트 상자는 6면 다 채우기.

3. 제출일 : 2011. 6. 23(목) ~ 6.24(금)

4. 평가(10점)
　가. 준비 과정(2점) : 성실하게 준비했는가를 기준으로 2, 1, 0점으로 평가.
　나. 내용과 형태(8점) : '내용이 알차고 참신한가, 주어진 조건을 잘 갖췄는가, 형태를 잘 갖췄는가'를 기준으로 8, 7, 6, 5, 4, 3점으로 평가. 미제출 0점.

2학기 국어 프로젝트 과제 계획서

1. 탐구 주제 :

2. 탐구자의 이름과 역할

탐구자 명	역할

3. 탐구 자료 조사하기

　책:

　웹 자료:

　기타 자료:

4. 탐구 일정

탐구 일	역할

국어 2학년 2학기 '프로젝트 과제 어떻게 할까?' 회의할 내용

1. 2학기 '프로젝트 과제' 주제 정하기

   * 주제의 범위(주어진 조건) : 은어 탐구, 유행어 탐구, 속어 탐구, 남한 말과 북한 말 비교 탐구, 신문의 진실성 확보 방안 탐구, TV의 진실성 확보 방안 탐구, 은어와 유행어 탐구, 언론의 진실성 확보 방안 탐구 중에서 고르기

〈논의할 사항〉

- 은어, 유행어, 속어, 남북 언어, 신문, TV를 나눠서 할까?
- 은어 · 유행어 · 속어, 남북 언어, 언론으로 나눠서 할까?
- 그냥 자유롭게 할까?

2. 보고일 : 2011. 11. 7(월) ~ 11.9(수)

3. 누구와 할까
   - 각자 할까?
   - 둘씩 짝을 지어 할까?
   - 셋~넷 짝을 지어 할까?
   - 자유롭게 할까?

4. 보고 형태 정하기
   - 보고서로 제출할까?
   - 말하기로 보고할까?
   - 자유롭게 할까?

5. 평가(총10점)
   * 준비 과정(탐구 계획서 제출하기) : 3점
   - 주제, 참고할 책과 자료, 사이트
   - 탐구자의 이름과 역할
   * 결과물 : 7점
   - 혼자 하는 경우와 짝을 지어 하는 경우 어떻게?
   - 보고서로 하는 경우와 말하기로 하는 경우 어떻게?

13
〈학교 소개 과제〉

목표
1. 학생들은 우리 학교로 온 ESL 학생들을 소개하는 안내 자료를 만들어 낼 것이다.
2. 학생들은 학교의 중요 장소와 규칙, 학교로부터 제공받을 수 있는 서비스들을 설명할 것이다.
3. 학생들은 학교 안내 자료를 제작할 때 멀티미디어를 사용할 것이다.
4. 학생들은 최종 안내 자료를 학급 친구들에게 발표할 것이다.

1단계 : 준비
- 포트리고등학교에서 제공하는 서비스와 소개할 만한 주요하고 흥미로운 장소들을 정하시오.
- 어떤 장소들을 설명하고 싶은지 결정하고 목록을 작성하시오.
- 여러분들이 선택한 장소들에 대한 최대한 많은 정보를 모을 수 있도록 질문들을 준비하시오.
- 그 질문들에 대한 대답을 할 수 있는 최적임자가 누구인지 결정하시오.
- 학교 안내 자료 발표를 더 멋지게 해 줄, 여러분이 사용할 멀티미디어 장치를 결정하시오.

2단계 : 실행
- 이 과제에 포함된 사람들과 할 인터뷰를 주선하시오(가능하면 여러분의 ESL 기간 동안).
  *한 학생이 한 장소 또는 한 사람에 대해 책임을 질 수 있도록 해야 합니다.
- 인터뷰를 촬영하거나 사진을 찍을 수 있도록 그 사람들의 허락을 구하시오.
  인터뷰를 실행하시오.
- 모아진 정보와 시각 자료들을 정리해서 최종 결과물에 반영하시오.
- 여러분 학급 친구들이 학교에 새로 온 학생들이라고 생각하고 결과물을 어떻게 발표할지 친구들과 의논하시오.

3단계: 평가 및 적용
- 각각의 그룹은 동영상, 사진, 프린트물 등을 포함한 안내 자료들을 학급 친구들에게 발표하시오.
- 발표를 듣는 나머지 학생들은 채점표 기준에 의거하여 친구들의 과제를 평가하시오.
- 학생들은 한 명씩 자기들의 과제를 부모님에게 보여 주고 그들의 모국어(한국어)로 그 과제가 무엇에 관한 것인지 설명하시오.
- 각각의 인터뷰를 위한 질문 목록을 1월 14일까지 제출하시오.
- 과제의 완성은 1월 21일 발표일까지 마감입니다.

채점 기준 표

채점 기준	매우 훌륭	훌륭	약간 개선 필요	많은 개선 필요	기준 미달
정보가 도움됨					
질문이 적절함					
크고 분명하게 말함					
청중과 호흡					
좋은 문장과 단어 사용					
효과적인 매체 /시각 자료 사용					

14

〈저작권 안내〉

이 표는 교사들이 저작권법의 테두리 안에서 무엇을 해도 되는지를 알려 주기 위해 고안된 표입니다. 여러분의 학교나 지역에 있는 다른 교사들을 위해 자유롭게 복사해서 사용하시거나 www.techlearning.com에서 PDF파일을 다운받으실 수 있습니다. 저작권, 올바른 사용 지침에 대한 더 자세한 정보는 www.halldavidson.net에서 찾아보실 수 있습니다.

매체	세부 기준	허용	복사 기준
인쇄물 (짧은 것)	· 250자 미만의 시 : 250자 이상 되는 시의 250자 발췌록 · 2,500 미만의 기사, 이야기, 에세이 · 긴 작품의 발췌록(작품의 10퍼센트나 1천 자, 더 짧은 쪽) · 차트, 그림, 표, 책이나 잡지의 만화 · 2,500자 미만의 그림이 있는 책에서 두 쪽 (최대)	· 교사는 교실 사용을 위해서 여러 개의 복사본을 만들 수 있고, 수업을 하기 위해 다른 매체에 결합시킬 수 있다. · 학생들이 멀티미디어 이용 과제에 글을 넣을 수 있다.	· 복사본은 합법적으로 취득한 원본에서만 만들수 있다. · 학생 한 명당 복사본 한 개만 허용된다. · 교사는 학기당 학급별로 아홉 번 사용할 수 있다. · 사용은 해당 경우 한 명의 교사에게만 허용된다(집단적이고 조직적인 경우는 안 됨). · '작품 모음집'을 만들면 안 된다. · 워크북같이 '소모성' 원본은 복사할 수 없다.

매체	세부 기준	허용	복사 기준
인쇄물 (기록물)	·전체 작품 ·한 작품의 한 부분 ·더 이상 쓰이지 않는 저장 매체에 저장된 작품	·도서관 사서는 오직 파손되거나, 상태가 나쁘거나, 분실, 도난된 원본을 대체하기 위해서만 복사본을 세 개까지 만들 수 있다.	·복사본은 저작권 정보를 포함해야 한다. ·기록물 만들기 권리는 절판본이나 희귀본을 다른 도서관들과 공유하는 것을 허용하는 취지하에 만들어졌다.
삽화나 사진	·사진 ·삽화 ·사진 모음집 ·삽화 모음집	·전체에서 한 개씩은 사용될 수 있으나, 한 작가나 사진사의 작품에서 다섯 개 이상은 사용될 수 없다. ·모음집에서는 15개 이상이나 10퍼센트 이상은 사용될 수 없다.	·오래된 삽화들은 대중화가 되고 허락 없이 사용되지만, 가끔 어떤 것들은 저작권에 걸리는 것들도 있다. ·저작권 정보는 www.loc.gov에서 확인 가능하다.
비디오 (시청용)	·비디오테이프(구매) ·DVD ·레이저디스크	·교사들은 교실에서 이 자료들을 사용할 수 있다. ·복사본은 기록 목적으로 또는 분실, 훼손, 도난된 원본을 대체하기 위해 만들어질 수 있다.	·자료는 합법적으로 취득되어야 한다. ·자료는 교실이나 대면 교육이 이루어지는 비상업적인 환경에서 사용되어야 한다. ·사용은 학습용이어야 하지 재미나 보상을 위해서는 안 된다. ·복사본을 만드는 것은 해당 자료를 적당한 가격에 구할 수 없거나 다양한 타입으로 되어 있지 않을 경우에만 허용된다.
비디오 (타 매체 삽입용이나 비디오 프로젝트용)	·비디오테이프 ·DVD ·레이저디스크 ·대중매체 백과사전 ·Quick Time 영화들 ·인터넷 비디오 클립들 ·소프트웨어(구매)	·학생들은 법적으로 저작권 문제가 없는 작품들의 일부분을 학문용 매체(10퍼센트나 3분 - 더 적은 쪽)에 사용할 수 있다.	·자료는 합법적으로 취득되어야 한다: 합법적인 원본은 가능하나, 해적판이나 가정에서 녹음된 자료는 안 된다. ·멀티미디어 프로젝트에 포함된 저작권 작품은 저작권 소유자에게 적절히 보상해야 한다.
음악 (타 매체 삽입용이나 비디오 프로젝트용)	·녹음된 것 ·테이프 ·CD ·웹의 소리 파일들	·교사나 학생들에 의해서 만들어 제작되는 멀티미디어의 한 부분으로서 저작권 있는 음악의 10퍼센트까지 재생산되고, 연주되고, 전시될 수 있다.	·한 음악 작품의 최대 30초 분량이 사용될 수 있다. ·멀티미디어 프로그램은 교육적인 목적을 가지고 있어야 한다.

매체	세부 기준	허용	복사 기준
컴퓨터 소프트웨어	· 소프트웨어(구매) · 소프트웨어(사용 인증)	· 도서관은 이용자들에게 대여할 수 있다. · 소프트웨어는 여러 대의 기계에 설치될 수 있고, 네트워크를 통해 사용자들에게 배포될 수 있다. · 소프트웨어는 집이나 학교에 설치될 수 있다. · 도서관은 해당 소프트웨어를 적당한 가격으로 다시 구매할 수 없거나 다양한 타입으로 되어 있지 않은 경우, 기록의 목적으로, 분실된 원본을 대체하기 위해 복사본을 만들 수 있다.	· 한 번에 한 기계에서만 그 프로그램을 사용할 수 있다. · 동시 사용자의 숫자는 허가된 사람의 숫자를 넘을 수 없다. 그리고 사용되고 있는 기계의 숫자는 허가된 사용자의 숫자를 넘을 수 없다. 네트워크 사용 허가는 복수 사용자를 위해 필요하다. · 불법 복제가 일어나지 않는지 감시하는 등 적극적인 자세를 취하라(기록을 위한 경우는 제외).
인터넷	· 인터넷 연결 · WWW	· 이미지들은 학생들의 과제나 교사의 수업 지도안 용으로 다운받아도 된다. · 소리 파일이나 비디오는 멀티미디어 프로젝트 용도로 다운받을 수 있다.(분량 규정은 위를 참고)	· 웹에서 얻은 자료는 허가 없이 인터넷에 다시 게시되서는 안 된다. 그러나 합법적인 자료로의 링크는 할 수 있다. · 다운받는 어떤 자료라도 합법적으로 취득되어야 한다.
티브이	· 공영방송 · 케이블방송 · 방송 녹화	· 방송국 제작 테이프는 수업용으로 사용 가능하다. · 유선방송 프로그램은 허가를 받고 사용해야 한다.	· 학교는 최소 10일간의 학교 등교일 동안 방송 테이프를 보유할 수 있다(교육 방송 등의 자료는 더 오래 가능하다). · 유선방송 프로그램은 엄밀하게 말해서 공영방송 법규와 같이 적용되지는 않는다.

표절은 무엇이며, 왜 중요한가?

우리는 끊임없이 다른 사람들의 생각에 연관되어 있다. 우리는 문자로 그들의 생각을 읽고, 강의에서 그들의 생각을 듣고, 수업 중에 그들과 토의하며, 우리의 글 속에 그들의 생각을 넣기도 한다. 그러므로 우리가 빌린 생각의 출처를 밝히는 일은 매우 중요하다. 표절은 다른 사람들의 생각과 글을, 출처가 어디인지를 분명하게 밝히지 않은 채 그것을 사용하는 것이다.

학생들은 어떻게 표절을 피할 수 있을까?

표절을 피하기 위해서, 당신은 다음의 것들을 사용할 때마다 출처를 밝혀야 한다.
· 타인의 생각, 의견, 이론
· 일반적인 상식이 아닌 어떤 사실, 통계, 그래프, 그림
· 타인이 실제로 한 말이나 쓴 글 인용
· 타인의 한 말이나 쓴 글을 바꾸어 말하기
이 지침은 '학생 권리, 책임, 그리고 행위에 관한 규정'에서 발췌한 것이다.
여러분에게 어떻게 표절을 알아볼 수 있는지 그리고 표절을 피하기 위해서 어떤 전략을 사용할 수 있는지를 도와주기 위해서, 다음 링크들 중 하나를 선택하거나 적절한 주제를 찾을 때까지 화면을 내려 보자.
· 허용 가능하고 허용 불가능한 바꾸어 말하기를 알아보는 법
· 표절과 world wide web
· 표절을 피하기 위한 전략
· 알아 두어야 할 용어들

허용 가능하고 허용 불가능한 바꾸어 말하기를 알아보는 법
Lizze Borden의 책 《A case Book of Family and Crime in the 1890s》의 1페이지에서 발췌한 원본 글
······(글) The rise of industry, the growth of cities, and the expansion of the population were the three great developments of late nineteenth century American history. As new, larger, steam-powered factories became a feature of the American landscape in the East, they transformed farm hands into industrial laborers, and provided jobs for a rising tide of immigrants. With industry came urbanization the growth of large cities(like Fall River, Massachusetts, where the Bordens lived) which became the centers of production as well as of commerce and trade.

허용 불가능한 '바꾸어 말하기' – 표절
······(글) The increase of industry, the growth of cities, and the explosion of the population were three large factors of nineteenth century America. As steam-driven companies became more visible in the eastern part of the country, they changed farm hands into factory workers and provided jobs for the large wave of immigrants, With industry came the growth of large cities like Fall Rover where the Bordens lived which turned into centers of commerce and trade as well as production.

왜 이 글이 표절인가?
· 작가가 단 몇 개의 단어와 구들을 바꾸었고, 원문의 순서를 바꾸었다.

· 작가가 어떤 아이디어나 사실의 출처를 밝히지 않았다.
위 두 가지 중 어느 한 가지만 행하여도, 여러분들은 표절을 하고 있는 것이다.

다음은 허용 가능한 '바꾸어 쓰기'의 예이다.
……(글) Fall River, where the Borden family lived, was typical of northeastern industrial cities of the nineteenth century. Steam-powered production had shifted labor from agriculture to manufacturing, and as immigrants arrived in the US, they found work in these new factories. As a result, population grew, and large urban areas arose. Fall River was one of these manufacturing and commercial centers(Williams 1).

왜 윗글은 허용 가능한 글인가?
· 작가가 원문의 정보를 정확하게 자기 자신의 단어로 바꾸어 말하고 있다.
· 독자에게 자기 글 속 정보의 출처를 명확하게 밝히고 있다.

다음 글은 인용과 바꾸어 말하기가 함께 사용된 허용 가능한 글의 예이다.
……(글) Fall River, where the Borden family lived, was typical of northeastern industrial cities of the nineteenth century. As steam-powered production shifted labor from agriculture to manufacturing, the demand for workers "transformed farm hands into industrial laborers," and created jobs for immigrants. In turn, growing population increased the size of urban areas. Fall River was one of these hubs "which became the centers of production as well as of commerce and trade"(Williams 1).

윗글은 왜 허용 가능한 글인가?
· 작가는 원본 문장을 정확하게 그대로 기록한다.
· 작가가 글 속에서 아이디어와 출처를 밝히고 있다.
· 작가가 인용한 부분에 인용 부호와 인용 페이지를 밝힘으로서 어떤 부분을 인용했는지 알려 준다.
작가가 인용 부호를 사용하지 않고 이 구절이나 문장을 사용했다면, 작가는 표절을 하고 있는 것이라는 점에 주의, 집중하기 바란다. 다른 사람의 구절이나 문장을 인용 부호 없이 자신의 글에 사용한다면 이것은 그 구절이나 문장의 출처를 자기의 글에서 밝히더라도 표절로 인식된다.

표절과 World Wide Web
World Wide Web은 학생들의 보고서에 필요한 정보를 얻는 아주 중요한 소스가 되었고, 이런 정보들을 표절하지 않기 위한 방법에 관한 많은 질문을 펼쳤다. 대부분 인쇄된 자료들에 적용되는 같은 규칙들이 여기에 적용된다 : 글쓴이가 웹 사이트에서 얻은 아이디어를 언급할 때는 반드시 그 출처를 밝혀야 한다.

글쓴이가 웹 사이트에 있는 시각적인 정보를 사용하기를 원할 때는, 대부분의 규칙들이 똑같이 적용된다. 시각적인 자료나 그래프 등을 웹 사이트(또는 인쇄물)로부터 도용하는 것은 정보를 인용하는 것과 매우 유사하며, 이 시각적 자료나 그래프들의 출처도 밝혀야 한다. 이런 규칙들은 웹 사이트에서 얻은 문자 자료나 시각 자료의 다른 사용에도 적용된다 : 예를 들면, 한 학생이 수업 과제로 웹 페이지를 만들고 있고, 그래프나 시각 자료를 다른 웹 사이트에서 복사해 온다면, 그 학생은 이 정보들에 대한 출처를 밝혀야 한다. 이런 경우에, 그 자료들을 사용하기 전에 원본 자료가 담긴 웹 사이트 운영자에게 허락받는 것이 좋다.

표절을 피하기 위한 전략들

· 메모를 할 때 글에서 직접 따오는 어떤 구절에라도 인용 부호를 표시하라.

· 바꾸어 말하라. 하지만 단 몇 개의 단어만 재배치하거나 자리 바꾸는 것이 아니어야 한다. 대신에, 바꾸어 말하고자 하는 부분을 자세히 읽고, 그 부분을 손으로 가리거나 볼 수 없도록 다른 것으로 덮은 다음 자기 자신의 말로 그것을 다시 써 보아라.

· 우연히 원문의 구절과 바꾸어 말하기를 한 여러분은 구절이 일치하지 않는지 확인하고 전달하고자 하는 정보가 정확한지도 확인하라.

알아야 하는 용어들

일반 상식 : 수많은 장소에서 자주 보이며 많은 사람이 알고 있는 사실. 예를 들어, '존 F. 케네디가 1960년 미국 대통령으로 당선되었다.'라는 문장은 흔히 잘 알려진 정보이다. 이런 사실은 문서로 근거를 댈 필요가 없다. 또 사실을 해석하는 데 필요한 내용이지만, 일반적으로 흔히 잘 알려지지 않은 사실은 근거를 댈 필요가 있다. 예를 들어, '___의 책에 의하면, 부시 대통령과 의회의 관계는 가족 관련법 진행을 저해하는 요인으로 작용한다.'라는 문장에서 부시와 의회의 관계가 법 진행을 저해한다는 내용은 사실이 아니라 해설이다. 그러므로 위 내봉을 기술하는 데 출처를 밝힐 필요가 생긴다.

인용 : 다른 사람의 말을 사용하는 것. 인용할 때, 인용하고자 하는 문장을 인용 부호 속에다 넣어야 하며 출처를 정해진 형식에 맞게 밝혀야 한다.

바꾸어 말하기 : 다른 사람의 아이디어를 사용하지만, 여러분 자신의 말로 바꾸어 말한다. 이것은 다른 사람의 아이디어를 여러분의 글 속에 녹여 넣을 때 가장 흔히 사용하는 방법이기도 하다. 여러분 자신의 말로 표현하기는 하지만 그래도 아이디어의 출처는 어디인지 밝혀야 한다.

언제 참고 자료를 밝혀야 하는가?

참고 자료의 출처를 밝히는 일은 타인의 아이디어에 대한 공덕을 인정하는 것이며 여러분 자료에 진실성을 덧붙여 주는 것이라는 것을 기억해라.

언제 출처를 밝히는가?

한 작가의 말을 인용한다면, 단 한 단어만을 빌린다 하더라도, 당신의 글을 읽는 사람에게 그 인용의 출처를 밝힐 필요가 있다.
· 다른 작가가 말한 아이디어나, 이론이나, 의견 등을 다시 언급할 때
· 전문가의 이론이나 의견을 다시 말할 때
· 일반 상식이 아닌 사실들을 사용할 때
· 정보 제공적이고 설명적인 메모를 제공할 필요가 있을 때

언제 출처를 밝힐 필요가 없는가?
· 정보가 널리 잘 알려져 있고 논쟁거리가 되지 않을 때(수학적이고 과학적인 사실들을 포함해서) (예) AIDS는 관리는 되지만 치료는 되지 않는 질병이다.
· 통계와 정보는 여러 가지 출처에서 찾을 수 있으며 자료마다 또한 크게 다르지 않다.
  (예) 미국의 인구는 2억 8천만이다.

출처 밝히기의 세 가지 유형
괄호형 : 글 속에서 괄호 속으로(학생들의 보고서에 가장 흔하게 사용되는 방법)
미주형 : 글 끝부분에 추가 메모식으로 덧붙이는 설명적이고 정보 제공적인 것
각주형 : 글의 어떤 특정한 페이지의 아랫부분에 작성되는 출처 밝힘(요즘 학생들의 과제물에서는 잘 쓰이지 않는다)

인용, 바꾸어 말하기, 요약하기
아래와 같은 목적들을 위해서 인용, 바꾸어 말하기, 요약하기를 사용할 수 있다.
· 여러분이 쓰는 글의 신뢰도를 높이거나 증거를 제공하기 위해
· 여러분이 지금 쓰고 있는 글이 어디로 가고 있는지를 보여 주기 위해
· 한 가지 주제에 관한 두 가지 또는 그 이상의 관점의 예시를 보여 주기 위해
· 여러분이 쓰는 글의 깊이와 넓이를 더하기 위해

인용, 바꾸어 말하기, 요약하기의 차이점들은 무엇인가?
인용 : 인용은 원본 자료의 단어 하나까지도 일치해야 하며, 원저자를 반드시 밝혀야 한다.
바꾸어 말하기 : 바꾸어 말하기는 다른 사람의 생각들을 여러분 자신의 문장구조를 이용하여 여러분 자신의 단어들로 바꾸어 쓰는 것이다. 바꾸어 말하기는 선택한 문장을 단순화하는 것이지, 반드시 그것을 짧게 줄인다는 뜻은 아니다. 바꾸어 말한 문장도 역시 원저자를 밝혀야 한다.
요약하기 : 요약을 하기 위해서 여러분은 중심 생각이나, 주제 등을 여러분 자신의 말로 표현해야 하지만 요점들을 포함시키는 것도 필요하다. 요약하기는 대체로 원본 글의 3분의 1 정도의 길이로 짧아진다. 이것의 목적은 글의 기본 의도를 해치지 않은 채 문장의 길이를 줄이는 데에 있다. 이것 역시, 원본 글을 밝힐 필요가 있다. 바꾸어 말한 글은 보통 원본 글보다는 짧고, 요약된 글은 훨씬 더 짧다.

정보
쌈지

짧은 기간에 더 많이 보고 들을 수 있도록
도와준 길동무를 소개한다.
바로 북미 학교도서관 여행을 떠나기 전에
함께 읽고 공부한 책들이다.

《뇌내혁명》

하루야마 시게오 지음 | 사람과책 | 1996

동양의학과 서양의학을 결합한 방식에 근거하여 뇌 호르몬 이론을 토대로 인간의 건강한 삶에 필요한 플러스 발상의 효과를 새로운 시각으로 쉽게 설명하고 있다.

《그림책을 보고 크는 아이들》

이상금 지음 | 사계절 | 1998

그림책에 얽힌 이야기들을 엮은 아동학자의 저술. 제일 처음 만나는 책, 욕구 위계설과 그림책, 그림책의 주제, 지식의 그림책, 만화와 그림책, 글 없는 그림책, 그림책의 원조와 고전, 민족성과 국제성 등 그림책에 관련된 의견을 개진한 글들을 모아 엮었다.

《미국교육과 아메리칸 커피》

심미혜 지음 | 솔 | 2002

미국 사람들은 학교와 가정에서 무엇을 어떻게 가르치며, 미국 사회와 미국 교육이 어떤 식으로 얽혀 함께 돌아가는지를 비판적 시각으로 소개한 글이다. 미국 교육, 한국 교육의 문제점을 파악하고 해결 방안을 제시하고 있다.

《미국 교육개혁, 옳은 길로 가고 있나》

마이클 W. 애플 지음 | 성열관 옮김 | 우리교육 | 2003

'학교교육의 시장화와 교육과정의 보수화 비판' 이라는 부제가 붙은 이 책은 세계적인 교육 석학으로 진보적인 교육 운동에 이론적 기반을 제공해 온 지은이가 미국 교육정책의 보수화 문제를 직접적으로 다룬 책이다. 지은이는 학교 제도가 권력 유지의 중요한 메커니즘임을 밝히면서 보수 집단이 어떻게 연합하여 미국 교육의 시장화와 보수화에 힘쓰는지 분석한다.

《주머니 속의 미국사》

유종선 지음 | 가람기획 | 2004

신대륙 발견에서 9.11테러에 이르기까지 미국의 역사를 다룬 책. 수많은 다양성과 모순을 안고도 미국이 여전히 강대국인 이유와 미국인만의 삶의 방식을 역사적으로 고찰한다. 미국의 역사를 핵심적이고 간략하게 소개하고 있어 미국사를 처음 접하는 사람에게 알맞다.

《효율적인 방법으로 그림책 읽어주기》

이민경 지음 | 양서원 | 2004

그림책을 읽어 주는 효과적인 방법이 담긴 책. 지시적이지 않고 유아의 발언을 무시하지 않으면서 읽어 주되 질문을 하면서 유아가 책 내용에 대화의 초점을 맞추도록 하는 유아의 책 읽기 방법을 비롯해서 그림책 읽어 주기, 책 읽기 사례, 책 읽기의 상호작용 등의 내용을 수록했다.

《정보의 힘 – 학교도서관을 위한 협동체제 구축》

AASL · AECT 공편 | 김병주 옮김 | 한국도서관협회 | 2004

1998년에 미국 도서관협회에서 출간된 *Information Power-Building Partnership for Learning* 을 우리말로 번역한 책. 미국 학교도서관 운영 지침서이다.

《Insight!》

한호림 지음 | 한국방송출판 | 2005

캐나다 토론토에 살고 있는 저자가 일상에서 발견할 수 있는 생활양식, 교육, 심리 등을 통해 북미 문화를 통찰한다. 해박한 지식과 특유의 섬세한 시각으로 맛깔스럽게 풀어내고 있다. 저자가 직접 그리고 찍은 삽화와 사진이 읽는 재미를 더한다.

《학교도서관에서 책 읽기》

백화현 외 지음 | 우리교육 | 2005

학교도서관과 독서가 어떻게 교육의 본질과 만나고 평등 교육의 토대가 될 수 있는지 실천 사례를 통해 보여 주고 있다. 저자들이 직접 실천하여 다듬은 '36차시 단계별 독서 수업 프로그램'은 독서 수업의 방법을 고민하는 사람들이 특히 눈여겨볼 만하다.

《독서, 사람을 키우는 힘》

김성혜 지음 | 위즈덤북 | 2006

교육학을 전공한 지은이가 미국에서 아이를 낳아 기르면서 경험하고 느낀 미국의 교육 시스템을 담은 독서 교육 지도서. 지은이는 미국의 전형적인 학교 모델을 직접 찾아다니며 교장과 교사 그리고 담당자들의 인터뷰 등 미국의 교육 시스템에 대한 현실성 있는 자료를 만들었다.

《학교도서관 교육의 실제》

송기호 지음 | 한국도서관협회 | 2006

학교도서관에서 이루어지는 전반적인 교육 활동에 대해 알 수 있는 책. 총 2부로 이루어져 있으며, 1

부에서는 학교도서관 교육의 이론적 배경을 설명하고 2부에서는 실제 학교도서관에서 활용 가능한 사례를 다룬다.

《세계인을 키우는 힘, 미국 초등학교 1, 2, 3》

정마선 지음 | 이지북스 | 2006

미국 학교에 네 자녀를 보낸 저자가 6년 동안 모아 온 가정통신문을 바탕으로 미국의 초등학교에서 무엇을 어떻게 가르치는지 소개한 책. 미국 초등학교의 시스템과 후원 방법, 정규 커리큘럼, 방과 후 교육과 생활 문화까지 권별로 주제를 달리했으며 실감 나는 미국 실정을 소개하고 있다. 1권에서는 미국 초등학교의 시스템과 자원봉사, 도네이션을 통해 즐겁게 학교 운영에 참가할 수 있는 방법을 소개하고, 2권에서는 미국 초등학교에서 배포한 가정통신문을 바탕으로 미국의 초등학교에서 이뤄지는 교육을 소개한다. 3권에서는 미국의 방과 후 교육 등 정규 수업 이외의 배움에 대해 다룬다. 각 지역 사회의 시설이 운영하는 과정, 학교에서 운영하는 과정 등 서구 문화를 배울 수 있는 교육 현황을 소개한다.

《네모의 미국 여행》

니콜 바샤랑 외 지음 | 이수련 옮김 | 사계절 | 2006

'네모 시리즈'의 두 번째 책. 이메일을 주고받으며 친해진 네모와 프랑스 소녀 린다가 함께한 미국 여행기이다. 이 여행을 통해 미국의 문화를 이해하면서, 나아가 인간과 인간의 참사랑은 무엇인가에 대해 생각하게 한다. 여정이 되는 미국의 역사와 인물, 문화, 지리를 쉽게 이해하도록 작은 코너, '네모의 수첩'을 마련해 놓아 오늘의 거대 강국 미국의 여러 모습을 관찰할 수 있다.

《내 아이를 위한 일생의 독서 계획》

저우예후이 지음 | 바다출판사 | 2007

0세부터 19세까지 내 아이를 위한 체계적인 독서 계획을 제안하는 책이다. 아이의 성장과 발달 과정에 따라 어떻게 독서 계획을 세워야 하는지를 가르쳐 준다. 중국의 유명한 어린이 잡지 〈좋은 아동〉의 편집장으로 명성을 쌓은 저자는 자녀에게 책 읽기의 즐거움을 가르쳐 줄 수 있도록 각 연령대에 맞춘 독서 계획을 제시하고 있다.

《공부의 절대시기 자기주도학습법》

김판수 지음 | 교육과학사 | 2007

스스로 공부하는 '자기 주도 학습법'을 제안하는 책. 자녀 교육의 문제로 혼란스러워하는 부모와 교사들을 위해 과목별, 분야별 학습 지도법을 제시하고 있다. 자기 주도 학습과 관련된 새로운 교육 방법을 통해 아이들의 학습 능력을 높일 수 있도록 구성하였으며, 사례를 바탕으로 내 아이들에게 적용시켜 볼 수 있는 구체적인 내용들을 정리하였다. 또한 아이들이 자기 주도적으로 공부를 할 수 있다는 자신감을 갖도록 해 주면서, 자기 주도력이 만들어지는 공부의 절대 시기를 놓치지 않도록 도와준다.

《핀란드 교육의 성공》

후쿠타 세이지 지음 | 나성은, 공영태 옮김 | 북스힐 | 2008

경쟁이 아닌 협력의 방법으로 '교육 신화'를 이룬 핀란드의 교육 내용과 그 배경을 담았다. 일본의 비교문화학 교수답게 핀란드의 교육을 통해 일본의 교육을 비판적으로 검토하고 있는 점이 돋보인다.

《읽어주며 키우며》

강백향 지음 | 교보문고 | 2008

책 읽기를 통해 아이의 마음을 열어 주며 부모는 물론 세상과의 소통을 도와주는 자녀 독서 교육서. 저자는 두 아이의 엄마로서, 초등학교 선생님으로서 어떻게 하면 아이들이 책을 더 가까이하고, 손에서 책이 떠나지 않게 할까를 고민한 여정을 자신의 경험을 통해 생생하게 담아내고 있다.

《통합 정보활용교육과정론》

송기호 지음 | 오롬디엘에스 | 2009

오랫동안 사서교사로 근무했던 저자가 정보 활용 교육과 교과 교육을 연계하기 위한 방안을 모색하여 쓴 책. 정보 활용 교육의 의미와 운영 실태, 이론적 배경 및 범위를 넘어 통합 정보 활용 교육과정의 개발과 운영 방안을 제시하고 있다.

《책 읽는 교실》

여희숙 지음 | 파란자전거 | 2009

학급 아이들에게 어떻게 책을 읽히면 좋을지를 궁리하며 해 본 일들을, 아이들의 학교생활에 맞추어 정리한 독서 지도 교실 이야기. 독서 지도와 맞물려 함께한 토론 수업의 장면도 차근차근 구체적으로 전해 주고 있다.

《블루리본 스쿨》

이석렬 외 지음 | 학지사 | 2009

어려운 여건에서 교장, 교직원, 학부모와 지역사회가 똘똘 뭉쳐 극적으로 높은 성적을 올려 최근 3년 간 내셔널 블루리본 최우수상을 받은 학교들을 소개한 책. 내셔널 블루리본 학교로 선정되면 교장과 교사 및 학생 대표가 백악관에 초청받아 대통령과 만찬을 함께하고 푸른 기장과 상금을 받는다. 선정된 학교와 지역사회는 온통 축제 분위기이고, 학교는 가속이 붙어 더욱 발전하게 된다.

《미국 8학군 페어팩스의 열성 부모들》

김경하 지음 | 사람in | 2009

미국 최고 학군이라는 페어팩스 카운티에서 소문난 열성 부모들이 들려주는 교육 노하우. 지은이는 아이들이 GT(Gifted and Talented:성적이 우수한 아이들을 가르치는 일종의 영재 프로그램)에서 공부하거나, 토머스제퍼슨과학고등학교에 다니거나, 하버드대학에 진학하는 여덟 집의 부모를 만나 아이를 키우는 방법을 찾는다. 인터뷰가 끝날 때마다 정리한 각각의 교육법 실천론에서는 한국적인 상황에 맞게 이 교육법을 응용할 수 있는 구체적인 사례들을 보여 준다.

《영국의 독서 교육》

김은하 지음 | 대교출판 | 2009

창의적인 인력을 키우기 위한 영국 교육의 키워드 역시 '책'이다. 영국 아이들이 갖는 '책과 관련된 경험'은 분명 우리보다 훨씬 풍부하고 아주 즐겁다. 이 책은 이런 경험을 세밀하게 들여다보고 있다. 그리고 이런 경험을 가능하게 한 제도와 문화를 다루고 있다.

《미국의 리터러시 코칭》

양병현 지음 | 대교출판 | 2009

진정한 의사소통과 모든 학습의 기초가 되는 읽고 쓰는 능력을 개인의 수준에 따라 맞춤 지도하는 '리터러시 코칭'을 소개한다. 단계별 모형, 기법과 전략을 안내하며 코칭 적용 방법이나 폭넓은 리터러시 개념도 다룬다.

《아빠의 눈으로 본 미국교육》

이경한 지음 | 교육과학사 | 2009

두 아이 모두 미국 학교에 보낸 아빠의 눈으로 본 미국 교육 이야기. 학교 공부의 중심인 교실 수업 활동, 적극적으로 참여하며 공부하는 교실 밖 활동 그리고 교육 주체들의 의사소통과 학교 공부에 밑거름이 되는 교육정책을 다루고 있다.

《미국교사를 보면 미국교육이 보인다》

김숭운 지음 | 상상나무 | 2009

미국에서 현직 교사로 일하고 있는 저자가 자신이 직접 보고 경험하고 느낀 미국 교육의 현실을 그대로 솔직하게 담담하게 그렸다. 지은이는 미국 교육의 현실을 아주 구체적으로 설명하면서 필요에 따라서 통계나 자료를 인용하기도 하고 실제 교사가 아니고서는 자세히 알기 어렵고 이해하기 힘든 학교 내부의 세세한 내용과 커리큘럼, 분위기, 인간관계까지 상세하게 설명하고 있다.

《작은 학교 행복한 아이들》

작은학교교육연대 지음 | 우리교육 | 2009

폐교 위기의 소규모 학교에서 공교육의 희망으로 다시 태어난 '작은 학교' 들. 이들은 어떻게 새로운 학교를 만들어 나갔을까? 남한산초, 거산초, 삼우초, 상주남부초, 금성초, 세월초, 송산분교. 따뜻한 돌봄과 참삶을 가꾸는 배움이 있는 일곱 빛깔 작은 학교를 만난다.

《미국 교육개혁의 이해》

염철현 지음 | 강현출판사 | 2009

미국 교육개혁의 중요한 의제를 진지하게 고찰하며 교육개혁의 이슈를 모두 여덟 개의 주제로 제시한 책. 흑백 통합 교육의 시작인 브라운 판결부터 오바마 정부의 교육개혁에 이르기까지 미국의 교육개혁의 역사를 다루고 있다.

《학교도서관 중심의 정보매체와 교수매체론》

이병기 지음 | 조은글터 | 2010

도서관 관점에서의 정보 매체와 학교도서관 및 교육계의 교수 매체적 관점을 모두 담아 정보 매체와 교수 매체의 성격과 교육적 효과, 종류와 특성, 이를 도서관 협력 수업에 활용할 수 있는 방법 등을 다루고 있다.

《책으로 크는 아이들》

백화현 지음 | 우리교육 | 2010

'매주 일요일마다 두 시간씩. 엄마와 두 아들, 그리고 아들의 친구들이 함께한 특별한 책 여행' . 교육 운동가이자 문화연대 공동 대표인 김명신의 추천 도서로 지난 7년간 가정 독서 모임을 통해 가르치는 자는 배우는 자와 어떤 관계를 맺어야 하는지, 함께 성장하고 깊게 관계 맺는 방식을 기록한 책이다.

《선생님 우리 그림책 읽어요》

강승숙 지음 | 보리 | 2010

2000년부터 2009년까지 10여 년간 아이들에게 그림책을 읽어 주면서 창의성이 풍부한 자유로운 어른으로 성장하는 데 보탬이 되어 온 저자의 그림책 수업 일기를 담고 있다. 생태와 평화, 생명과 자연, 그리고 역사 등을 가르칠 때 유용한 그림책을 소개하며 특히, 그림책을 통해 아이들의 마음을 들여다보면서 그들과 진정한 소통을 나눈 저자의 소중한 경험을 고스란히 담아냈다.

《토마스 제퍼슨의 위대한 교육》

올리버 벤 드밀 지음 | 김성웅 옮김 | 꿈을이루는사람들 | 2010

조지와이드대학 설립자이며 초대 학장을 지낸 저자는 미국의 현대 교육으로는 미국 건국의 초대 지도자였던 토마스 제퍼슨 같은 리더를 만들 수 없다고 역설한다. 그는 '위대한 가르침이란 학생들이 자신들을 스스로 교육하도록 영감을 불어넣는 일'임을 강조하며 이 책을 통해 그 길을 이끌 '멘토'와 '고전'의 실제적인 적용법을 알려 준다.

《NEW YORK 비밀스러운 책의 도시》

서진 지음 | 푸른숲 | 2010

83+4일 동안 뉴욕을 돌아다니면서 51개의 서점을 순례한 여행 에세이. 세 명의 주인공이 한 권의 책을 손에 얻기 위해 서점을 찾아다니는 픽션이 결합된 독특한 여행 에세이이다.

《학교를 바꾸다》

김성천 · 박성만 · 이광호 · 이진철 지음 | 우리교육 | 2010

농산어촌 학교의 교육 소외를 극복하기 위해 교육 복지에 초점을 맞춘 조현초, 풍부한 지역의 인프라를 활용해 생태 친화적 체험 학습 프로그램을 개발한 홍동중, 독서 교육과 프로젝트 수업 등을 통해 학생들이 학습에 대한 흥미를 갖도록 하고 학습 능력을 신장시키려 노력한 덕양중의 이야기를 담았다.

《조벽 교수의 인재혁명》

조벽 지음 | 해냄 | 2010

'교수를 가르치는 교수'로 유명한 저자는 새로운 시대의 '인재'는 '100미터 달리기'가 아닌 '마라톤 경주'에 도전할 수 있도록 용기와 지혜가 있어야 하고, 평생교육을 통해 창의성과 전문성, 인성을 길러야 한다고 강조한다.

《한국도서관연감》

한국도서관협회 지음 | 한국도서관협회 | 2010

2004년에 처음 발간된 연감으로 도서 관계 현황 및 주요 활동을 볼 수 있는 책이다. 특히 이번 연감에는 도서관 관련 법령뿐 아니라 정책 관련 보도 자료도 수록하여 도서 관계 현안에 유용한 정보를 제공하고 있다.

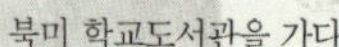

《김상곤, 행복한 학교 유쾌한 교육혁신을 말하다》

김상곤·지승호 지음 | 시대의창 | 2011

지승호가 질문하고 경기도 교육감 김상곤이 대답한 책. 김상곤의 삶과 리더십, 그가 추진하고 있는 경기도 혁신 교육의 내용과 철학을 담았다.

《미국 공교육 개혁, 그 빛과 그림자》

다이앤 래비치 지음 | 지식의날개 | 2011

부시 행정부에서 신자유주의 교육개혁을 주도했던 저자는 이 책에서 미국 교육개혁의 실패 보고서를 담고 있다. 교육개혁 이론이 집행되는 과정에서 미국의 공교육이 어떻게 파괴되고 있는지 뉴욕의 예를 들어 그 실태를 보여 준다.

논문

〈미국 학교도서관 기준의 변천〉

김효정 | 한국문헌정보학회지 제28집 | 1995

미국 학교도서관 기준이 사회 문화 및 교육 개발과 더불어 변천되어 온 배경에서 실제 학교교육에 이바지한 바를 분석한 자료이다.

〈미국 학교도서관 운영의 원리와 그것이 우리에게 주는 시사점〉

김종성 | 학술발표논문집 제14집 | 2002

미국 학교도서관의 운영에 나타나는 주요 원리를 공간, 도서, 인력 여러 측면에서 관찰하고, 학교도서관 개발에 투입할 수 있는 가용 에너지가 지극히 제한적이라면 학교 현장에 사서교사 배치와 도서관 자료, 필수 서비스 공간에 집중해야 한다고 주장하고 있다.

〈미국 학교도서관의 정보활용능력 교육에 관한 연구〉

김종성 | 한국문헌정보학회지 제37권 제2호 | 2003

미국 선진 학교도서관은 정보 활용 능력이 일반 교과과정에 통합되어 운영됨을 관찰한 자료로 교과과정의 기준과 근거가 제시된다.

〈사서교사의 전문직적 자세 및 역할 인식에 관한 연구〉

김주낭 | 성균관대학교 교육대학원 | 2003

학교도서관을 경영하는 사서교사의 전문성을 제시하고 스스로의 역할 및 자세에 대해 어떻게 인식하는지 다루고 있다.

〈미국 학교도서관의 독서 흥미유발 프로그램에 관한 연구〉

최연미 | 한국도서관 정보학회지 제36권 제4호 | 2005

미국의 학교도서관에서 독서 습관을 키우기 위해 실시하고 있는 다양한 독서 흥미 유발 프로그램에 대하여 소개하고 있다.

〈학교도서관의 독서지도 프로그램 활성화 방안 연구〉

장윤금 | 한국비블리아학회지 제17권 제1호 | 2006

학교도서관의 독서 지도 프로그램 활성화에 필요한 기본 요인을 분석하고 학교도서관 독서 지도 운영 실태를 조사한다.

〈미국의 독서진흥 정책 및 운동〉

황금숙 | 어린이와 독서 제 29집 | 2008

미국에서 국가와 공공도서관 및 학교도서관 단위로 이루어지고 있는 독서 진흥 정책 및 운동을 소개하고 있다.

북미 도서관이 안겨 준 배움과 감동도 컸지만, 이번 여행의 백미는 우리 모임 샘들이었다. 우리는 여행 떠나기 1년 전부터 함께 책을 읽고 역할을 나눠 여행을 준비했다. 여행하는 동안에도 17명이나 되는 사람들이 자연스럽게 빈 곳을 채워 주며 마치 한 몸처럼 움직였다. 폭설로 인해 몇몇 도서관을 못 가게 되어 맡았던 도서관들이 뒤헝클어졌을 때나 현지 사정으로 일정이 꼬여 몹시 난감했을 때에도 몇 번이고 토론하여 모두에게 좋은 방법을 찾아내곤 했다. 1분의 시간도 흘려버리지 않기 위해 밤잠을 줄여 가며 꼼꼼히 질문을 챙기던 모습, 오가는 버스 안에서조차 탐방 소감을 나누고 얻은 정보와 자료들을 점검하던 모습, 밤늦도록 회의하고 토론하는 와중에도 끊이지 않고 터져나오던 웃음과 뜨거운 눈물들……. 빨리 가려면 혼자 가고 멀리 가려면 함께 가라는 말이 절절히 가슴에 스며들던 순간, 순간이었다. 북미 도서관보다 우리 도서관은 매우 어설프고 갈 길이 멀지만 나는 이들이 있어서 힘이 난다. 머잖아 우리는 멋진 우리의 도서관을 만들어 낼 수 있을 것만 같다.

백화현 서울 봉원중 교사. '도서관은 영원히 지속되리라. 불을 밝히고, 고독하고, 무한하고, 부동적이고, 고귀한 책들로 무장하고, 부식하지 않고, 비밀스러운 모습으로'라는 보르헤스의 말에 점점 더 빠져들고 있는 국어교사이다. 아이들에게도 그러한 도서관을 만나게 해주고 싶은 간절한 소망을 갖고 있다.

교직 경력 13년을 넘기며, 나 자신에게 되물었다. 교사로서의 정체성이나 전문성이 있느냐고. 자신이 없었다. 어찌 시작하면 좋을지, 어떤 방법이 최선일지 막막하기만 하던 어느 날, 우연한 기회로 서울모임 선생님들을 만나게 됐다. 그리고 학교도서관을 접했다. 15일간의 북미 도서관 탐방 속에서 설렘과 긴장감을 놓지 않고 온 힘을 다하시는 선생님들의 모습을 보며 내가 그 속에 함께 있음이 행복했다. 미국 도서관 탐방을 다녀와서도 꼬박 1년간 원고를 몇 번이고 고치며 날밤을 새우기도 했지만, 잠은 부족할지언정, 열정은 더욱더 차올랐다. 책을 통해 도서관을 알게 되었고, 좋은 분들과 인연을 맺은 지금은, 학급 아이들에게도 책으로 가까이 다가가 소통해야 함을 절실히 느끼고 열심히 실천하는 중이다.

글솜씨도 없고, 말주변도 없는 나에게 끝까지 용기를 주며 살펴봐 준 든든한 멘토 남편과 전보다도 더 바빠진 엄마를 이해해 주고 선뜻 '도서관 모임 다녀오세요. 엄마!' 하며 기분 좋게 놓아 준 딸과 아들에게 고마움을 전한다.

전선미 평택 세교초 교사. 두 아이를 책 읽어 주기로 키우다 책의 멋을 알게 된 14년차 교사이다. 반 아이들에게도 6년째 책을 읽어 주고 있다. 더불어 도서관 협력 수업을 제대로(?) 하고 싶은 꿈이 있다.

책을 매개로 한 만남과 인연은 늘 설렌다. 책으로 펼쳐지는 또 다른 세상은 참으로 경이롭다. 책 한 권이 나를 도서관 모임으로 이끌었고, 덕분에 신선한 자극을 받으며 새로운 세상을 마주할 수 있었다. 도서관 여행을 다녀오기 전과 그 이후의 나는 좀 달라졌으리라. 막연한 물음표가 느낌표로 다가오던 시간들이었다. 아는 만큼 보인다고 했던가. 정교하게 다듬어지지 않아서인지 다른 선생님들과 똑같은 것을 접해도 때로는 손가락 사이로 모래가 빠져나가는 듯한 느낌을 받곤 했다. 그래도 이번 여정은 내 마음 한구석 위안으로 자리 잡아 든든한 버팀목이 되어 줄 것이다. 우리는 함께 퍼즐 조각을 맞추듯이 더불어 준비하고 고민했기에……. 같이 나아갔던 걸음걸음, 그 시간이 그저 고맙다. 이제 보고 듣고 느낀 것을 내 것으로 녹여 내는 일만 남았다.

박샘 서울 정릉초 교사. 배움과 성장이 주는 기쁨을 오롯이 느끼고 싶은 걸음마 선생님. 허나 거저 이루어지는 일이 어디 있으랴. 달콤 쌉싸름한 성장통 속에서 작은 걸음이라도 꾸준히 내딛으려 한다. 깨어서 바라보고 그 순간을 음미하며, 너무 조급해하지 않고 숨을 고르면서……. 좌충우돌 헤매는 부끄러운 날들의 연속이지만 퐁퐁 솟아나는 열정이 무르익어 샘이 깊은 물이 되기를!

매년 도서관과 책이 교과 내용과 자연스럽게 어우러지는 수업을 해야지 다짐하면서도 기획에서부터 준비 과정, 시행 단계에서 늘 중요한 것을 놓치거나 흐지부지되는 경우가 많았다. 이번 북미 도서관 탐방에서는 아이들이 교육과정 안에서 도서관과 책을 아주 자연스럽게 만나는 모습이 인상적이었다. 아주 어렸을 때부터, 어떤 아이들이든, 어느 교과든지 통합교과로 자연스럽게 책과 도서관을 접한다. 이번 여행은 학교도서관 중심의 탐방이었기에 더욱 수업에 대한 고민을 많이 하게 되었다. 여전히 서툴지만, 그동안 도서관 탐방을 통해 배웠던 내용을 조금씩 풀어내는 과정 속에서 책과 도서관으로 행복한 수업을 만들어 갈 수 있을 거라 꿈꿔 본다.

기정아 시흥 신천고 교사. 수업이 배움으로 즐겁고 행복하게 되는 날이 올 때까지 열심히 그 길을 찾아가고 있다.

북미 도서관 기행은 나에게 애초부터 무리였는지 모른다. 채 회복되지 않은 몸으로 정신없이 일정을 마치고 돌아와서 내리 보름을 앓았다. 그러나 다시 2011년 겨울로 돌아간다면 난 또 바리바리 짐을 꾸려 도서관 모임 샘들을 따라나설 것 같다. 우리가 방문했던 학교마다 도서관이 학교교육의 중심에 떡하니 자리 잡고 있는 걸 확인하며 참 뿌듯하고 설레기 때문에……. 그러나 그보다도 함께 여행했던 도서관 모임 샘들의 타인에 대한 무조건적인 신뢰와 무한한 배려와 따스함, 열정에 중독되었기 때문이다.

여행에서 돌아온 난 훨씬 풍성하고 단단해졌다. 내가 만나는 아이들 모두 언젠가는 자기만의 자태와 향기로 활짝 피어날 꽃이라 믿는 마음이 깊어졌다. 봄소식을 전하며 팝콘 튀듯 피어나는 벚꽃도 화사하지만, 겨울을 기다려 단아하게 피어나는 동백꽃은 얼마나 고혹적인가. 화려한 자태를 뽐내는 장미도 아름답지만 앙증맞게 피어나는 봄맞이꽃은 또 얼마나 사랑스러운가. 벚꽃처럼 일찍 피어도 좋고 동백꽃처럼 느지막이 피어도 좋다. 나는 그 꽃들을 피우는 데 필요한 한 바가지 물이 되고 싶다. 그래서 오늘도 아이들에게 책을 권한다. 교과서를 벗어나 도서관에 가득한 책들 속으로 아이들을 풀어놓고 스스로 탐구하는 수업을 이끈다. 아이들이 스스로를 성장하며 자기 모습과 색깔로 아름답게 피어나라고…….

송경영 서울 신림중 교사. 구산중학교를 시작으로 성산중, 난우중, 관악중, 봉림중을 거쳐 벌써 여섯 번째 학교인 신림중학교에서 국어 사랑, 책 사랑을 전파하고 있다. 호기심 가득한 아이들의 초롱초롱한 눈빛이 마냥 좋아 오늘도 정신없이 짝사랑에 빠져드는 불치병을 앓고 있다.

후기를 위해 다시 공책을 들추어 본다. 북미 도서관 기행을 준비하면서 나누었던 이야기들과 읽었던 자료들이 설레는 필체로 고스란히 남아 있고 여러 도서관을 견학하며 듣고 보고 느낀 이야기들이 놀라운 감동으로 꼼꼼히 메모되어 있었다. 우리가 둘러본 곳곳에는 사람이 사는 마을 가까이 공공도서관이 있었고, 바퀴가 달린 커다란 가방에 도서관에서 빌린 책들을 담아 돌아가는 호호 할머니가 있었고, 엄마와 함께 책을 읽는 아이들이 있었다. 학교도서관에는 교과 교사와 협력하여 수업을 진행하는 사서교사가 있었다. 교과에서 필요한 자료가 무엇인지 준비해 두고 학생들이 과제와 궁금증을 해결하는 데 도움을 주는 사서교사들의 눈빛은 진지하고 열정적이었다. 이제 다시 당시 느꼈던 설렘과 감동을 마음에 새기고 교실로, 도서관으로 향하면서 학생들이 가까이에 좋은 책을 늘 곁에 두고 읽는 풍경을 그려 본다. 그리고 외쳐 본다. "우리 동네에 마을 도서관을 세워 주세요.", "학교 도서관에 사서 선생님을 채용해 주세요.", "학생들에게 책을 읽을 시간을 주세요."

김정숙 서울 전동중 교사. 책 속에 길이 있다는 평범한 말을 깊이 믿으며 도서관이 소외와 상실을 치유하는 위안의 공간임을 확신하는 국어교사이다. 식물도감 살펴보기를 취미로 하며 아이들이 풀꽃과 나뭇잎처럼 우리 인간도 자연의 일부임을 잊지 않기를 소망한다.

지난겨울 13박 15일간의 미국 도서관 여정은 신선한 충격이자 새로운 희망이었다. 5년 동안 사서교사로 근무하면서 느꼈던 속상하고 답답한 현실의 목마름이 약간은 해소되는 기분이랄까. 고된 일정을 무사히 마칠 수 있었던 것은 도서관에 대한 무한 애정과 열정을 가진 서울 모임 선생님들이 함께했기에 가능했다. 다시 한국으로 돌아와 미국 학교도서관에서 실현하던 리서치 프로젝트를 어설프게나마 진행해 보았다. 아직은 부족하고 서투르지만 할 수 있다는 희망을 본다. 그들은 학교의 심장을 학교도서관이라고 당당히 말한다. 우리 교육 현장에서도 도서관 홀릭을 큰 소리로 외쳐 볼 그날을 꿈꿔 본다.

김윤미 서울 동성고 사서교사. 도서관 홀릭을 외치며 6년째 학생들에게 책 읽기의 기쁨을 알리고 있다. 학생들과 책에 대해 이야기할 때 가장 행복한 사서교사다.

언제였던가. 학교도서관에 들렀다가 책상 위에 제집 안방처럼 누워 자는 아이를 보게 되었다. 그 녀석에게 이곳은 안방보다도 더 편한 곳인가 보다. 코까지 골 정도인 걸 보니. 사서 선생님 말에 의하면 집에 있어 봐야 혼자인 녀석인지라 방학 동안에도 학교도서관에 와서 책을 보거나 영화를 보기도 하고 때로는 오늘처럼 누워만 있다가 간다고도 했다. 그러고 보니, 이 학교에 와서 비로소 학교도서관이 왜 중요한지 알게 되었다. 도서관 탐방 중반기를 넘기면서는 체력이 모자라 하루 하루의 일정이 힘겨우면서도, 처음 쓰는 글이라 원고를 고치고, 또 고치면서도 한편으로 아주 조금씩이나마 발걸음을 옮기고 있는 나를 발견하면서 다독일 수 있었던 것은 학교도서관에서 꿈을 꾸는 아이들, 그리고 13박 15일을 함께 보낸 선생님들 덕분이다. 그들이 고맙다.

오미경 서울 공진중 교사. 책 속에 있는 아이들과 책 밖에 있는 아이들을 도서관에서 만난다. 그 만남이 좋아 오늘도 난 도서관에서 수업을 한다. 도서관에 있다는 것만으로도 교육적 효과가 있다고 믿기 때문이다.

불혹의 나이에도 나는 여전히 학교에 다니는 행운아다. 책이 있는 공간이 좋아 도서관을 기웃거리다가 학교도서관에 작은 둥지를 틀었고, 그 둥지에서 가족처럼 힘을 주는 동지들을 만났다. 10년 넘게 그들과 함께하면서 희로애락의 깊이를 함께 나누고, 삶이 주는 부정적 유혹들을 이겨 나갔다. 그러면서 나는 진짜 어른이 되기 위한 성장통을 앓았다. 함께하는 동지들이 있고, 책이 있었기에 그 힘듦을 씩씩하게 이겨 나갈 수 있었으리라.

지난겨울의 북미 도서관 방문은 그 성장통의 정점을 찍은 느낌이다. 사서교사가 열정적으로 쏟아내던 목소리가 귀에 쟁쟁해서 확고한 교육관으로 도서관을 끌고 가는 관리자들을 둔 그들이 부러워서 몇 번이고 북미 학교도서관을 정리하고 기록하고 곱씹었다. 그러면서 우린 우리 환경에서 할 수 있는 도서관 협력 수업을 시도했고 그 결과물들을 공유했다. 그렇게 1년이 지났다. 우린 그 사이에 북미 도서관 탐방

중에 만났던 열정적인 사서교사가 된 듯하다.

이번 겨울방학은 새 학기에 아이들에게 풀어놓고 싶은 책들을 읽고,

서울모임에서 다양한 활동들을 서로에게 배우고, 모여서 토론하면서

내내 행복했다.

덕분에 새 학기에는 교과서의 내용을 더욱 풍성하게 만들고 도서관의

책들은 참고 도서가 되며 아이들은 그들이 주체가 되는 멋진 수업을

구상한다.

강애라 서울 대치중 교사. 어린 시절 책이 좋아 책에서 삶을 배우고 느꼈으며, 책과 함께하는 국어교사가 되었다. 도서관을 담당하는 교사가 되어 진정한 책 읽기를 마주했고, 책을 통해 희망을 전파하는 꿈을 꾼다.